La beauté énergétique

MISE EN GARDE

Malgré tout le soin apporté à la rédaction de cet ouvrage, une erreur aura pu s'y glisser. L'auteure et l'éditeur déclinent toute responsabilité concernant les propos présentés. Ce livre ne saurait remplacer un médecin ni se substituer à un traitement médical. Il appartient au lecteur de prendre ses responsabilités en matière de sécurité et de connaissances de sa condition physique. L'auteure et l'éditeur ne sauraient être tenus pour responsables des conséquences qui découleraient de l'utilisation du présent ouvrage ni, bien sûr, en cas d'interprétation erronée.

CRÉDITS DES ILLUSTRATIONS

Toutes les photos réalisées pour le livre © **Fanny Cortade**
Tous les dessins réalisés pour le livre © **Marie Poirier**
Autres illustrations, p. 39, p. 77-84 et dessins de symboles © Shutterstock

Direction de la publication : Isabelle Jeuge-Maynart et Ghislaine Stora
Direction éditoriale : Émilie Franc
Direction artistique : Mélissande Mestas
Édition : Laure Sérullaz
Lecture-correction : Cécile Beaucourt, Cécile Chavent
Conception de la maquette : Valentine Antenni et Claire Morel Fatio
Mise en page : Claire Morel Fatio
Couverture : Valentine Antenni
Fabrication : Émilie Latour

ISBN 978-2-03-601247-9
© Larousse 2022

Toute reproduction ou représentation intégrale ou partielle, par quelque procédé que ce soit, de la nomenclature et/ou du texte et des illustrations contenus dans le présent ouvrage, et qui sont la propriété de l'Éditeur, est strictement interdite.

Les Éditions Larousse utilisent des papiers composés de fibres naturelles, renouvelables, recyclables et fabriquées à partir de bois issus de forêts qui adoptent un système d'aménagement durable. En outre, les Éditions Larousse attendent de leurs fournisseurs de papier qu'ils s'inscrivent dans une démarche de certification environnementale reconnue.

PAPIER À BASE DE FIBRES CERTIFIÉES

LAROUSSE s'engage pour l'environnement en réduisant l'empreinte carbone de ses livres. Celle de cet exemplaire est de : 2,3 kg éq. CO_2
Rendez-vous sur www.larousse-durable.fr

Photogravure : IGS-CP
Imprimé en Espagne par MACROLIBROS SL
Dépôt légal : mars 2022
328576 /01 – 11047234 – janvier 2022

MAYIA
ALLEAUME

La beauté énergétique

Chakras, cristaux, purifications, champs vibratoires, aura, self-love...

RÉVEILLEZ VOS ÉNERGIES POUR RAYONNER DE L'INTÉRIEUR !

LAROUSSE

Sommaire

Avant-propos

Je m'appelle Mayia Alleaume et je suis passionnée de beauté énergétique. À travers ces quelques lignes, je vais vous raconter les différentes étapes de ma vie qui ont nourri l'écriture de ce livre.

Mon attirance pour le sacré et le bien-être remonte à ma tendre enfance. J'ai grandi au Pays basque, entre mer et montagne, dans un territoire chargé d'histoire où la puissance des éléments a influencé, sans aucun doute, mon goût pour la nature et la spiritualité.

Née prématurée, je souffrais entre autres de nombreuses allergies qui m'ont amenée à suivre l'école à la maison. Les prescriptions destinées à me soulager n'ont pas eu sur moi, alors qu'elles l'avaient sur d'autres, l'effet escompté. Ma mère s'est tournée vers la naturopathie, la sophrologie et j'ai suivi la méthode du Dr Kousmine, pionnière dans le domaine des traitements du renforcement immunitaire. C'est un régime précis qui a transformé ma vie. Une hygiène de vie basée sur une alimentation saine faite de produits frais, de cures de jus de fruits et de légumes, accompagnée de suppléments en vitamines et oligoéléments. Parallèlement, les méditations sont devenues une seconde nature. Toutes ces pratiques m'ont permis de retrouver une énergie profonde, de stabiliser mon état physique et de transformer ma vie.

Cette rigueur n'a pas été facile pour l'enfant que j'étais. Je me sentais différente. J'avais l'impression d'être punie, mais j'ai compris plus tard le cadeau qui m'avait été fait : pouvoir prendre conscience d'où viennent force et énergie.

Ce mantra dynamique m'a accompagnée tout au long de mon cursus, dans lequel le mental tient le premier rôle. Conservatoire de danse, rigueur et maîtrise du corps, conservatoire de chant, rigueur et maîtrise des sons.

Puis, pour vivre l'art sous toutes ses formes, j'ai intégré l'école des Beaux-Arts de Bordeaux, avec la volonté de capter et de retranscrire, à l'aide de ma sensibilité, le monde qui m'entourait. J'ai aussi appris, dans cette toute nouvelle liberté d'étudiante, à me connaître par une succession d'expériences. Un excès ou un décalage... et les effets étaient immédiats. Un ajustement, un équilibrage... et je me sentais mieux.

Un jour que j'accompagnais mon ami d'enfance photographe Iñaki Lizarralde sur un shooting, j'ai découvert le métier de make-up artist. Mon amour des couleurs, de la beauté et des cosmétiques étaient réunis dans cet univers fascinant. Le remarquable artiste-maquilleur Topolino était là, mon étoile du destin. Révélation ! Longuement, auprès de lui, j'ai appris les secrets du métier et je suis entrée avec passion dans ce tourbillon.

Entre projets artistiques et shootings de mode, ma carrière m'a entraînée aux quatre coins du monde, accompagnée par des personnes aux talents remarquables. De New York à Paris en passant par Los Angeles, Londres, Milan et Cannes, j'ai eu la chance de maquiller les plus belles femmes du monde et de travailler pour des magazines et des maisons de luxe prestigieux. J'étais comblée par ce métier qui exige créativité et maîtrise du détail. De red carpets en défilés, j'excellais dans l'art de diriger les projets qui m'étaient confiés.

Une période intense et riche, mais épuisante pour l'organisme. Décalages horaires, alimentation déséquilibrée, pression. Toutes les équipes subissaient les mêmes inconvénients, avec des répercussions physiques et morales. C'est donc naturellement que je me suis mise à dispenser mes conseils auprès des mannequins, des photographes et des équipes de production.

Aider pour le choix d'un plat plutôt qu'un autre, expliquer comment équilibrer son sommeil, le recours à l'eau citronnée, montrer des gestes d'automassage. Je m'apercevais que toutes ces astuces, ces techniques qui m'avaient été transmises ou que j'avais acquises empiriquement n'étaient pas efficaces seulement pour moi ou ma famille, mais aussi pour d'autres. Je ressentais une grande joie à partager mes conseils et à noter le mieux-être physique et énergétique des autres. C'était maintenant une évidence, j'avais besoin de transmettre au plus grand nombre mes savoir-faire et savoir-être, pour permettre à tous de bénéficier des produits et des outils énergétiques que j'utilisais au quotidien sur les plateaux photo.

En 2005, j'ai décidé de lancer ma marque de produits cosmétiques : Sentara Holistic. Créée à partir du mot basque « sen », qui signifie « instinct, sens », « sentara », c'est « aller vers ce qui est bon pour soi ». Un clin d'œil à mes origines et le reflet de ma vision de la beauté. Pendant deux ans, mes équipes et moi-même avons formulé des produits de grande qualité, efficaces et réconfortants pour l'épiderme. En parallèle, j'ai souhaité proposer des produits de beauté pour prendre soin de soi de façon globale : des gua sha et des pierres pour se reconnecter à soi.

Paradoxalement, ce projet a émergé alors que j'habitais à New York, bien loin de l'idée que l'on se fait du calme et de l'apaisement. Cette ville vibrante et stimulante m'a émerveillée. Mais elle était aussi très énergivore pour moi. De nature hypersensible, je ressentais encore davantage le besoin de me reconnecter, de me ressourcer. Alors pour compenser le manque de nature et de silence, je pratiquais le yoga et des méditations sonores. Avec ces rituels quotidiens, j'ai réussi à retrouver ma sérénité et cette expérience m'a guidée dans mon projet : élaborer des rituels qui s'appuient sur des techniques ancestrales mais adaptés à notre mode de vie moderne, actif, voire trépidant.

Après un long séjour aux États-Unis, je vis maintenant en France, entre le Pays basque et Paris. Retrouver mes racines m'est profondément bénéfique. Tout est source d'inspiration, tout nourrit mon expérience et ma vision de la beauté.

En passant plus de temps avec ma famille, je réalise la force et l'influence des femmes qui m'entourent. Ma mère, modèle d'élégance, à la fois glamour et naturelle, m'a transmis son sens de l'esthétique et son goût pour l'art et la beauté. Elle nous a également donné, à ma sœur et moi, cette vision de la vie entre terre et ciel, entre pragmatisme et spiritualité. Très proches l'une de l'autre, nous nous inscrivons dans cet héritage féminin qui nous a permis d'accepter nos intuitions et de développer nos pratiques holistiques.

Ces dernières années, toujours en quête de connaissances pour aider les autres, j'ai développé mes compétences et découvert de nouveaux outils : la lithothérapie, la sonothérapie et le pouvoir du son, l'aromathérapie vibratoire, les vertus des couleurs. Ces pratiques se complètent et sont autant de ressources à notre disposition pour atteindre l'équilibre du corps, de l'âme et de l'esprit. À chacun de s'écouter et d'expérimenter.

À chacun de rayonner de tout son être.

Introduction

Pour mieux comprendre le thème de ce livre, je vous propose de vous parler un peu du concept de beauté énergétique.

Aujourd'hui, dans notre société, la beauté est généralement associée à l'aspect physique, à la plastique des choses et des personnes. Pourtant, comme vous le découvrirez au fil de cet ouvrage, je suis persuadée que la beauté se situe bien au-delà de cette surface et qu'elle prend sa source plus profondément en chacun de nous.

Selon moi, la beauté est intimement liée à l'état d'âme de chacun. Une personne qui n'est pas apaisée ou en manque de confiance ne peut pas se sentir belle. L'état de ses pensées et de son âme, les jugements qu'elle porte sur elle vont l'affecter et empêcher son énergie de rayonner pleinement. En effet, lorsque l'énergie est déstabilisée, désaxée, nous perdons en ressources, en force, et notre bien-être physique et mental s'affaiblit. Au contraire, lorsque notre système est dynamisé, notre santé se renforce et notre beauté rayonne, nous sommes attirants aux yeux des autres. La beauté intérieure est ainsi un rayonnement qui émane des profondeurs de notre champ énergétique. C'est un cercle vertueux qui nous rend aussi plus beau aux yeux des autres. Je suis sûre que vous avez tous déjà dû expérimenter ce phénomène d'attraction. On parle d'une personne « solaire », une expression qui évoque très bien cette idée.

Avec ce livre, je souhaite vous offrir un rituel holistique alliant le corps et l'esprit, pour vous aider à vous sentir pleinement aligné, renforcer votre confiance et votre pouvoir d'attraction. Car nous sommes tous beaux, j'en suis convaincue. Votre singularité, votre énergie personnelle, votre aura demandent juste à être (re)dynamisées avec méthode pour faire grandir votre beauté intérieure.

La beauté énergétique prend aussi sa source dans la pleine conscience, dans l'éveil des sens et dans la capacité à découvrir la lumière unique que chacun de nous porte en lui. Se connecter à cette énergie, c'est rejoindre une vie remplie de force et d'équilibre qui vous rapproche chaque jour davantage de cet éveil radieux. En vous réside une source intarissable de beauté, que vous trouverez dans la connaissance de vous-même.

Un autre point essentiel est l'influence et l'impact de nos modes de vie modernes souvent stressés, anxiogènes ou déséquilibrés. Ces facteurs extérieurs peuvent créer des blocages dans la circulation de l'énergie vitale (prana, chi, qi...) et entraîner une perturbation de l'équilibre intérieur. Se rapprocher de la nature, avoir une bonne hygiène de vie et pratiquer une activité physique sont des éléments fondamentaux pour se réajuster. Un mélange de respiration et de relaxation vous aidera aussi à vous ressourcer.

Bien sûr, chaque personne, chaque corps est unique et détient sa propre beauté, son propre système énergétique, son aura singulière. C'est tout l'objectif de ce livre : permettre à tous de se constituer un rituel personnalisé en résonance avec ses envies et son identité. Je l'envisage comme un guide que je vous invite à vous approprier, une bibliothèque d'outils où chacun pourra venir piocher ses remèdes pour se créer son propre écosystème sensoriel et spirituel. Au fil des pages, vous découvrirez donc mes propositions de recettes, autant d'astuces que vous ferez vôtres pour vous aider à vous sentir mieux. Pas à pas, à travers 6 grands thèmes fondamentaux, je vous confierai des clés qui vous aideront à mieux vous connaître, à aligner votre énergie et à révéler toute votre beauté. Des interviews de personnes rencontrées au cours de ma vie et expérimentées dans des domaines qui me sont chers viennent enrichir de leurs lumières cet ouvrage.

C'est un immense bonheur pour moi de vous transmettre tous ces savoirs qui, je l'espère, vous permettront de rayonner d'une beauté pleine de sens.

Mayia Alleaume

1/

LES POUVOIRS MAGIQUES DE NOTRE TERRE

L'énergie vitale anime tous les êtres vivants. Dans les médecines traditionnelles basées sur les flux énergétiques, on l'appelle ki (médecine japonaise), qi (médecine chinoise) ou bien prana (médecine ayurvédique). Plus notre énergie vitale est intense, plus il est aisé pour notre corps et notre esprit de trouver l'équilibre nécessaire à notre bonne santé.

Notre énergie vitale prend sa source dans la Nature, qui est notre Terre nourricière. Nous dépendons d'elle pour développer et renforcer cette énergie qui nous permet d'être joyeux, éclatants, en harmonie avec nous-mêmes et ceux qui nous entourent, plus sereins, en confiance et ancrés dans le moment présent.

Cette énergie est déjà présente en nous et elle est partout à disposition autour de nous. Elle est là, prête à être canalisée. Il faut toutefois savoir où aller la chercher. Sur le plan symbolique, l'homme est né de la Terre, et nous retrouvons dans notre corps les mêmes oligoéléments, les mêmes minéraux (la silice du sable entre dans la composition de nos os). Se connecter à la Terre, c'est donc accéder à la source de vie pour une rencontre avec soi. À chaque fois que nous reprenons contact avec l'esprit de la Terre nourricière, nous nous plaçons sous sa protection. Nous acceptons notre humanité et nous nous engageons à vivre notre incarnation dans l'ici et le maintenant.

S'aligner sur les vibrations de la Terre, c'est prendre conscience de ce lien vital.

Grâce à des rituels inspirés des sagesses anciennes, je vous invite à découvrir cette influence de la Terre sur votre bien-être et votre rayonnement, tout en vous indiquant comment vous relier à la Nature. Je vous convie également à pratiquer des rituels essentiels pour rester en accord avec les cycles de la terre, de la lune, du soleil et des saisons, et pour cultiver votre beauté énergétique.

Le *Earthing*

- Le *Earthing* est un moyen très simple de s'harmoniser avec la Terre pour recevoir tous ses bienfaits. Il consiste à être au maximum en contact avec les éléments afin de capter des informations sensorielles et développer nos sens.

LE TOUCHER

- Vos pieds nus peuvent bénéficier d'une réflexologie plantaire naturelle par la simple marche, dans l'herbe ou sur la plage par exemple.
- Le sable entre vos mains ou sur votre peau, gorgé de la chaleur du soleil, vous relaxe, tout comme la caresse de l'air.
- S'allonger à même le sol est encore une autre manière de ressentir les bienfaits de la terre.

L'ODORAT

- Profitez des embruns en bord de mer, ou des senteurs végétales lors d'une promenade en forêt.
- Pratiquez une méditation d'ancrage, avec l'attention portée sur votre respiration.
- Une synergie d'huiles essentielles, par exemple de lavande et de santal, dans un diffuseur vous fera ressentir bien-être et apaisement.

LE GOÛT

- Cueillez une feuille de menthe dans un jardin, une mûre sur un buisson.
- Pensez à adopter une alimentation colorée, saine et vivante, qui vous fera voyager gustativement.

L'OUÏE

- Pratiquez une méditation en écoutant les bruits de la nature, comme celui des vagues, le chant des oiseaux ou le vent.

LA VUE

- Elle contribue à vous apporter le calme lorsque vous contemplez des paysages apaisants et des espaces clairs et ouverts.
- Lors d'une promenade dans une forêt, un parc, un jardin, essayez de vous placer dans une attitude de pleine conscience : prenez le temps de contempler, de regarder.

1 • Se relier à la nature

La Terre est en lien direct avec notre énergie vitale, notre bien-être et notre beauté. La nature et les éléments sont primordiaux dans notre développement psychique et physiologique, car c'est à leur contact que nous évoluons et que nous créons notre propre univers sensoriel. Malheureusement, notre mode de vie moderne nous a déconnectés de la nature au profit d'un certain confort matériel. Or plus nous nous éloignons d'elle, plus nous nous éteignons et nous fatiguons facilement. Retrouver une vie consciente et ancrée dans la nature aide à mieux vivre en accord avec elle, avec les autres et avec soi-même.

Mais pas de panique ! On peut très bien assumer de vivre dans notre monde moderne, avec tous les avantages que cela comporte, sans oublier d'où l'on vient, quels sont nos racines et notre attachement à la Terre. En cultivant notre proximité avec elle, nous pouvons puiser dans ses richesses infinies l'amour et l'inspiration qui nous nourrissent chaque jour, recharger notre énergie vitale et rayonner de notre beauté intérieure et extérieure avec harmonie.

Afin de ressentir les énergies de la Terre, il faut ouvrir son esprit et son cœur à l'invisible. Il faut avoir un regard neuf sur tout ce qui nous entoure, sans jugement ni a priori. Il faut savoir aiguiser sa sensibilité au lien énergétique subtil qui unit tous les éléments, du plus petit au plus grand, car nous appartenons à ce tout. C'est la loi universelle qui nous régit.

La nature n'est pas là pour nous, elle fait partie de nous, nous sommes de la même matière, de la même famille. Mais comment se relier à ce tout ? Par le biais des choses simples de la vie : marcher, prendre le soleil, respirer l'air pur de la nature... Toutes ces actions permettent à nos cellules de se connecter à ce rythme universel.

Cette connexion nous offre un trésor essentiel : elle nous livre les clés pour nous aimer en toute humilité. Pour s'aimer, il faut comprendre et accepter d'où l'on vient. Or qui est mieux placé pour nous l'enseigner que la Terre qui nous a créés ? Il s'agit donc de se connecter à la nature pour mieux se connaître, de s'émerveiller devant la beauté des choses simples, d'accepter les changements qui s'opèrent autour de nous, de comprendre ceux qui surviennent en nous, d'augmenter son potentiel énergétique, de recevoir la force d'aimer les autres, d'être altruiste, mais aussi d'avoir confiance en l'avenir.

Pour que vous puissiez vous rapprocher de ces énergies parfois difficiles à ressentir et à cerner, je voudrais vous transmettre tout le bonheur et la joie que l'on a lorsque l'on communie avec la nature, lorsque l'on se sent libre, beau et sans limites. Je veux vous donner des repères concrets afin de faire de notre Terre votre alliée de chaque jour où que vous soyez.

« Perdez-vous dans la nature,
vous risquez de vous y retrouver. »

Les énergies terrestres

- La planète n'est pas inerte, elle vit. Elle est parcourue de réseaux énergétiques.
- Au contact du sable, de l'eau de mer, de la lumière du soleil, notre corps reçoit ces informations. Nous rechargeons nos batteries. Un bain de nature donne une réponse immédiate : on respire, on se calme, les cellules s'oxygènent, la circulation sanguine s'active et le cœur fonctionne mieux. C'est une source de joie, de plénitude.
- Dans le même temps, notre système immunitaire se renforce et notre charge mentale diminue. Nous voyons alors plus clair dans notre vie.

Si vous vivez dans le moment présent, en connexion avec ces courants énergétiques, votre corps saisira instinctivement l'occasion de se régénérer sur cette fréquence vitale. Afin d'entretenir cette fréquence tout au long de l'année, il est nécessaire de caler votre rythme sur celui de la nature, d'observer la vie et ses cycles et de vous en nourrir.

Le monde d'aujourd'hui redécouvre les bienfaits de la nature, et les médecins qui pratiquent l'écopsychologie prescrivent la nature sur ordonnance pour soigner le stress et nos maux quotidiens.

RITUEL DE
RELIANCE À LA TERRE

« Se relier à la terre, c'est s'incarner. »
Voici un rituel SOS à faire quand on se sent vidé et déconnecté de soi et/ou de son entourage. Vous pouvez le pratiquer à tout moment, où que vous soyez. Je l'utilise dès que je me sens un peu en dehors de la réalité, en perte d'ancrage et d'énergie.

- Tenez-vous debout, bien droit, les pieds nus, ancrés dans le sol, joignez vos deux mains devant le cœur et saluez l'Univers, puis laissez les bras tomber le long du corps librement.
- Fermez les yeux et respirez profondément 3 fois.
- Maintenant laissez votre respiration aller et venir librement sans la modifier.
- Imaginez que des racines partent de la plante de vos pieds et viennent s'enfoncer dans le sol.
- Elles s'enfoncent de plus en plus loin, jusqu'au centre de la Terre.
- Avec vos racines, enveloppez délicatement le noyau de la Terre, prenez contact avec elle et remerciez-la pour l'énergie qu'elle vous apporte.
- Faites remonter cette énergie par vos racines jusque dans votre corps.
- Ressentez cette énergie circuler partout en vous.
- Imaginez que votre corps grandit vers le ciel comme un arbre qui pousse.
- Vous grandissez encore : visualisez cet arbre, visualisez sa force, visualisez ses branches, visualisez ses feuilles, visualisez sa vitalité. Cet arbre, c'est vous.
- Ressentez la lumière du soleil qui vous traverse, prenez un moment pour apprécier tous les bienfaits que reçoit votre arbre et restez là aussi longtemps que nécessaire.
- Respirez profondément à nouveau 3 fois.
- Ouvrez les yeux délicatement.

Gardez cette sensation en vous et souvenez-vous de votre arbre. Si vous vous sentez en mal de nature, n'hésitez pas à reprendre cet exercice : il vous aidera à remettre votre corps sur la bonne fréquence.

2 • Vivre au rythme des saisons

Il est essentiel de prendre conscience du caractère cyclique des saisons et de leur influence sur notre équilibre émotionnel, car c'est une condition pour pouvoir se sentir épanoui et en accord avec soi-même. Les saisons représentent l'éternel recommencement de la vie, qui naît, s'épanouit, produit des fruits et meurt. Elles sont le reflet de notre existence entière, mais aussi des cycles plus courts qui construisent notre quotidien.

Même si la nature nous paraît n'être qu'un paysage abstrait et éloigné de nous, nous n'en sommes pas moins sensibles à son caractère cyclique. Afin de vivre en harmonie avec le rythme de la nature, il est donc propice de ritualiser les passages des changements de saison, pour rester en accord avec cette évolution naturelle, se sentir bien et se recharger en énergie vitale.

Beaucoup trop de citadins vivent coupés du cycle des saisons, dans de grands immeubles de béton et de pierre. Pourtant, il est essentiel de garder le contact avec la nature changeante au fil de l'année, ne serait-ce que dans un parc, pour expérimenter et vivre ses cycles.

Je vous propose d'entrer sereinement dans ce monde des énergies naturelles, pour accepter en confiance les changements qui s'opèrent conjointement hors de vous et en vous.

Il n'est pas question ici de préférence mais d'acceptation, car dire « je déteste l'hiver » ou « j'attends le printemps », c'est vivre en décalage et être coupé d'un lien essentiel. Il faut s'adapter à la nature, composer avec elle et non essayer de la dominer. Car nous faisons partie de ce tout, nous sommes en synergie avec les différents règnes, végétal, animal, minéral et humain.

Vivre en harmonie avec le rythme des saisons, c'est accepter la temporalité de l'existence, car l'impermanence dans le permanent est fondamentale dans le cycle de la vie. Il est question d'apprendre à identifier, reconnaître et vivre nos émotions pour créer notre équilibre.

« La véritable sagesse consiste à ne pas s'écarter de la nature, mais à mouler notre conduite sur ses lois et modèles. »

SÉNÈQUE

Les saisons en médecine chinoise

En médecine chinoise, chaque saison est en relation directe avec un des cinq organes de notre corps :

- Le printemps est en relation avec le foie.
- L'été est en relation avec le cœur.
- L'automne est en relation avec les poumons.
- L'hiver est en relation avec les reins.
- Les intersaisons sont en relation avec la rate et l'estomac.

On dit d'un organe qu'il est le maître durant sa saison, c'est-à-dire qu'il est le principal organe concerné à ce moment. Son énergie va poursuivre une courbe ascendante durant cinq semaines pour arriver alors à son apogée, lequel correspond soit à un solstice soit à un équinoxe. Puis elle va doucement redescendre pendant cinq semaines pour ensuite transférer son énergie à l'organe qui correspond à la saison suivante, qui deviendra à son tour le maître. Le fait d'harmoniser l'énergie d'un organe durant sa saison favorise et accélère le retour à son état d'équilibre.

AU PRINTEMPS, J'APPRENDS

Le printemps est un temps de renouveau et d'espoir qui annonce la renaissance de la nature. Dans notre calendrier, le passage de la saison tombe le 21 mars, jour de l'équinoxe de printemps, mais l'éveil de la nature se fait sentir parfois bien plus tôt, dès le début du mois de février (tout dépend de votre région bien sûr, mais votre corps le ressentira certainement). Soyez attentif aux premiers signes, et dès qu'ils surviennent, commencez à vous préparer à l'arrivée du renouveau.

QUEL ÉTAT D'ESPRIT ADOPTER ?

- Se revivifier, se régénérer et renouveler son énergie pour s'harmoniser avec le renouveau de la nature.
- Le printemps est la saison de l'éveil où tout renaît autour de nous et en nous, c'est le temps de l'espoir et de la germination, donc le moment idéal pour invoquer ces énergies de renaissance.
- Le printemps correspond à la **direction de l'est**. Or symboliquement, dans le cycle de la vie, le lever de soleil représente l'enfance. C'est donc la période favorable à la liberté, la vérité et la découverte.
- La phase lunaire du printemps est la **lune montante,** liée à la valorisation. On se débarrasse donc de toute négativité, on fait le nettoyage de printemps dans sa maison, dans sa tête et dans son corps.

LES RITUELS : PURIFICATION

- Pour mieux accueillir les énergies fraîches de cette saison, vous pouvez pratiquer un nettoyage énergétique des lieux et de vous-même (voir p. 106).
- Ouvrez les fenêtres, aérez votre intérieur… et aérez-vous.
- Utilisez en diffusion une synergie d'huiles essentielles assainissantes : lavande, citron, eucalyptus radiata, tea tree, menthe poivrée.
- Pensez à faire entrer le monde végétal chez vous avec des plantes purifiantes comme l'Areca lutescens, le Clorophytum comosum, le Philodendron atom.

SANTÉ : JEÛNE ET DÉTOX

- Pour alléger le foie très sollicité au cours de l'hiver, entamez une **détox** ou un **jeûne** si vous en ressentez le besoin (voir p. 250 et 253).
- Une mention spéciale pour les **cures** : sève de bouleau, ampoules de jus d'artichaut et de radis noir.
- On peut accompagner le nettoyage de cet organe par la pratique d'un exercice de **yoga du son** (voir p. 217). Le son véhiculé par la voix libère les émotions stagnantes.

ALIMENTATION : RÉVEILLER L'ORGANISME

Votre organisme a besoin de s'alléger et de se nettoyer.

- Choisissez de préférence des fruits et légumes frais de saison, idéalement de provenance locale.
- Dans votre panier vapeur, les asperges, les artichauts, les petits pois et les épinards frais feront merveille. Laitue, roquette et pourpier composeront vos salades.
- **Les *superfoods* de saison :** les jus et smoothies verts, par exemple la recette green goddess ou le mocktail concombre/céleri.

BEAUTÉ : PEAU NEUVE

- Pour accompagner la mue du corps, changez vos habitudes en programmant plus de soins, des massages détoxifiants.
- Faites le plein de rituels gommages en hammam et de drainages lymphatiques.
- Pour que l'énergie circule, renouvelle et oxygène vos cellules, marchez ! Oubliez l'ascenseur quand vous le pouvez, descendez à un arrêt de bus ou une station de métro plus tôt.

RITUEL DE L'ÉQUINOXE DE PRINTEMPS

L'équinoxe de printemps est le moment où le jour est égal à la nuit. Il vous invite à vous éveiller à la vie, à purifier votre source intérieure pour retrouver votre unité corps/âme/esprit et être prêt à vous abandonner avec confiance aux forces supérieures. Ainsi vous pourrez accueillir les énergies du renouveau. La nature vous accompagne dans ce rituel.

Sur votre autel, placez les 4 éléments suivants :

- des fleurs pour la terre ;
- un verre d'eau ;
- une plume et/ou de l'encens pour l'air ;
- une bougie pour le feu.

- Installez-vous confortablement en direction de l'est, qui correspond à cette période de renaissance.
- Fermez les yeux et prenez 3 inspirations et expirations profondes.
- Visualisez autour de vous un cercle de bougies que vous allumez une par une.
- Leurs flammes s'intensifient.
- Aspirez cette lumière et faites-la rayonner en vous.
- Laissez-la monter et descendre le long de votre colonne vertébrale et de vos chakras.
- Sentez que la lumière déborde de votre enveloppe corporelle, laissez le rayonnement OR s'amplifier.
- Éclairez les parties sombres de votre être, acceptez sans jugement vos souffrances, vos contradictions.
- Prenez conscience de tout l'AMOUR qui est en vous, de toute la beauté.
- Vous êtes en communion avec la NATURE.
- Vous voyez la terre, vous sentez l'élément TERRE.
- Vous voyez les mers, les océans, les lacs, les rivières, vous sentez l'élément EAU.

- Vous voyez les nuages et le vent doux et frais, vous sentez l'élément AIR.
- Vous voyez le soleil, vous êtes un enfant de la lumière, vous sentez l'élément FEU. Vous demandez à être dans la vérité et dans l'authenticité. Vous renouvelez votre oui à la VIE.
- Puis vous visualisez le rayonnement qui s'adapte exactement aux dimensions de votre corps.
- Vous sentez la présence bienveillante de l'Univers. Vous souhaitez que la terre entière connaisse ce sentiment d'amour. Vous rendez grâce d'être ici et maintenant, sur notre si belle planète Terre.
- Lorsque vous vous sentez prêt, reprenez contact doucement avec le monde extérieur.

EN ÉTÉ, JE CRÉE

L'été est un temps de bénédiction, de joie, de gratitude pour les bienfaits reçus de la terre et du soleil. Dans notre calendrier, la saison débute autour du 21 juin, jour du solstice d'été, donc le plus long de l'année. Dans le rayonnement solaire, nous sommes au sommet de notre vitalité. Les jours s'allongent, la lumière et la chaleur créent la sensation d'une vie qui s'étire à l'infini. On embrasse tous les aspects de notre existence, avec au cœur le désir intense de partager ce sentiment de plénitude.

QUEL ÉTAT D'ESPRIT ADOPTER ?

- **On développe, on entreprend**, on est dans la force de l'action. L'été est la saison du bien-être, de la joie et du bonheur, où l'on donne le meilleur de soi au service des énergies de réalisation. C'est le temps de l'amour et du partage.
- **On profite et on sort** grâce aux journées plus longues. C'est le moment de se recharger avec l'aide des énergies du soleil. On se libère et on bénéficie de plus de contacts avec la nature, le temps est plus propice à cet échange. On se réjouit de la nature florissante.
- L'été correspond à **la direction du sud**. Symboliquement, dans le cycle de la vie, le soleil à son zénith représente l'âge fort. C'est donc la période favorable pour renforcer notre métabolisme.
- La phase lunaire de l'été est **la pleine lune**, liée à l'amplification d'énergie. On fait le plein de vitalité, on fait bouger son corps, on le tonifie.

LES RITUELS : CULTE DE LA JOIE

L'été, le rythme biologique suit celui de la lumière solaire. Le sommeil est de meilleure qualité et le réveil se fait naturellement plus tôt.

- Profitez-en pour prendre 5 minutes rien que pour vous : restez dans le lit quelques instants sans ouvrir les yeux, sentez votre corps revenir à la vie diurne, écoutez les bruits alentour, savourez ce moment de paix. Remerciez pour ce jour qui commence !
- Assistez au lever du soleil ou à son coucher.
- Le soir, avant de vous endormir, pratiquez 5 minutes de respiration (voir p. 153) et pensez à trois jolies choses de la journée.

SANTÉ : RECONNEXION AU CORPS

Au fil des saisons, nous perdons le contact avec notre corps. Nous l'enfermons sous les couches de vêtements pendant l'hiver, et même s'il se réveille au printemps, c'est en été qu'il se libère vraiment, et la saison invite à redécouvrir une saine hygiène de vie. Pour vous réconcilier avec votre corps, mettez en place des routines vertueuses.

- **Le sport.** Choisissez des activités selon vos envies et vos capacités : marche, vélo, yoga, nage... L'exercice tonifie et améliore le moral.
- **La respiration.** Le cœur est l'organe en correspondance avec l'été. Si vous ne l'avez pas encore fait, découvrez les bienfaits de la cohérence cardiaque : 3 fois par jour, effectuez 6 respirations par minute pendant 5 minutes. À la clé, une baisse du cortisol et une augmentation de l'ocytocine, des défenses immunitaires et de la DHEA.
- La pratique du **yoga du son** apaisera et ouvrira l'énergie parfois bloquée du cœur (voir p. 217).
- **L'eau.** Se baigner et nager dans l'eau de mer et ses oligoéléments permet de se charger en ions négatifs. On peut aussi se reminéraliser avec des enveloppements de boues marines et des soins en thalasso. La douche froide renforce le système immunitaire, favorise la circulation sanguine, préserve le capital jeunesse et est un véritable allié minceur.

ALIMENTATION : LE PLEIN DE VITAMINES

L'été est la saison de l'abondance. Elle nous offre une grande variété de fruits et de légumes gorgés d'eau et de soleil. C'est le moment de consommer une **alimentation vivante** et de se composer une assiette remplie de vitamines, d'antioxydants et d'oligoéléments, grands alliés de la beauté et de la santé. Pourquoi ne pas essayer la *raw food* (qui consiste à manger des aliments crus ou très peu cuits) et la cuisson douce à basse température ? Salades, crudités, graines germées et fruits entrent en résonance avec notre organisme.

- **Hydratation et légèreté** sont les maîtres-mots de l'été. Il faut boire en quantité suffisante. L'eau plate est bien sûr la meilleure boisson, mais vous pouvez la booster avec des *waterdrops* (pastilles) aux extraits de fruits et de vitamines, à choisir selon vos envies et vos besoins en pharmacie, parapharmacie ou sur Internet. Évitez les eaux pétillantes : trop riches en sel, elles sont les reines de la gonflette et de la rétention d'eau.
- Faites-vous plaisir avec des **smoothies énergisants**. Personnellement, ma préférence va à un mocktail drainant et désaltérant à base de jus d'ananas frais associé à la pastèque.
- **Les *superfoods* du soleil :** tomate, concombre, avocat, coriandre.

BEAUTÉ : PROTÉGER, NOURRIR, HYDRATER

- Le corps se dévoile. Nous recherchons le soleil pour ses bienfaits, mais nous devons aussi apprendre à nous en protéger. Les UV et les radicaux libres sont les ennemis de l'épiderme. Pour choisir une protection cosmétique, préférez des marques sûres pour la peau et pour les océans. **Lunettes et chapeau** sont recommandés. J'aime m'exposer le matin et le soir aux premiers et aux derniers rayons solaires pour un bain de lumière stimulateur de **vitamine D**. Le reste de la journée, je me protège avec des vêtements de couleurs claires, en fibres naturelles.
- Pour permettre à votre peau de respirer, essayez la **détox maquillage**. Retrouvez votre éclat naturel en misant sur une routine régulière. Procédez à un nettoyage en 2 étapes : commencez par un lait, une huile ou un moussant à l'eau, ensuite utilisez une eau florale. Elle parfait le geste en enlevant les résidus de lait, d'huile ou le calcaire de l'eau. Puis utilisez une crème ou un sérum adaptés à votre peau. Massez.
- **Prenez soin de la ligne de vos sourcils** en appliquant en masque une huile (de ricin par exemple) pour la pousse des cils et sourcils. Épilez si besoin les poils en dessous des sourcils afin de redessiner leur ligne et ouvrir le regard. Protégez vos lèvres grâce à des baumes à base de beurre de karité ou d'huile de jojoba.
- Coupez **vos cheveux** au moment de la nouvelle lune pour les dynamiser. Faites-leur un masque hydratant à l'aloé véra toutes les semaines. Protégez vos cheveux de l'agression du sel et du soleil avec une huile végétale (coco) ou un beurre (karité).
- Accordez toute votre attention à **vos mains et vos pieds**, et offrez-leur un soin embellisseur. Dans une bassine d'eau tiède, mettez 3 cuillères à soupe de sel d'Epsom, 3 gouttes d'huile essentielle de lavande et 2 gouttes d'huile essentielle de citron. Laissez tremper vos pieds pendant 10 à 15 minutes en profitant de ce moment de relaxation. À la fin du bain, séchez bien vos pieds, procédez à une pédicure et hydratez.
- Pour garder **vos jambes** légères, le soir et le matin, passez le jet de la douche froide en remontant le long des jambes. Le soir, massez vos pieds en ajoutant dans la crème une goutte de menthe poivrée pour un effet fraîcheur.

RITUEL DU
SOLSTICE D'ÉTÉ

Le solstice d'été est le jour où le feu de l'été nous guide. En son cœur, nous puisons nos capacités de transformation et notre énergie d'amour. Pratiquer ce rituel permet de faire vibrer l'énergie du soleil en chacun de nous.

Pour accompagner ce rituel, voici les pierres que vous pouvez utiliser : quartz clair, citrine, topaze jaune, pierres de soleil (voir p. 182) que vous disposerez sur votre petit autel (voir chapitre 3, « Créer son altar »). À la fin du rituel, vous pouvez boire un verre d'eau dynamisée aux énergies du solstice (voir p. 122).

- Allumez une bougie de couleur solaire (jaune ou orange).
- Faites brûler de l'encens sacré (sauge, benjoin, oliban). Enveloppez votre aura de cette fumigation (voir p. 106).
- Écrivez sur un papier la demande de ce que vous désirez voir se manifester et prospérer dans votre vie pendant ce nouveau cycle solsticial.
- Visualisez ou dessinez un cercle au sol. Placez-vous au centre de ce cercle, en direction du sud, symbole de cette période de maturité. Les pierres choisies sont disposées devant vous dans cette direction.
- Tenez-vous debout, les pieds dans l'alignement des épaules, les bras le long du corps en posture naturelle, les paumes tournées vers le ciel. Ou bien asseyez-vous en tailleur, les mains sur les genoux, paumes tournées vers le ciel.
- Prenez 3 profondes inspirations et expirations. Fermez les yeux.
- Visualisez le soleil : il est là, au-dessus de vous, vous baignez dans sa lumière, il caresse votre visage, vous sentez sa chaleur bienfaisante. Il entre en vous.
- À présent, une boule d'énergie solaire est au creux de votre plexus. Elle grandit, rayonne, devient de plus en plus brillante, elle se diffuse dans tout votre corps. Vos mains sont remplies de lumière. Vous êtes la lumière.
- Priez le soleil d'accueillir vos demandes. Formulez-les sous forme d'affirmations positives, à haute voix. Entendez les mots résonner et s'envoler avec énergie vers l'Univers.
- Goûtez le silence qui suit, restez un moment dans cette quiétude.
- Joignez les mains en prière sur votre cœur, puis au-dessus de votre tête. Remerciez le Soleil pour ses bienfaits. Remerciez l'Univers, avec amour.

EN AUTOMNE, JE RÉCOLTE

Nous avançons dans le cycle des saisons. Après l'expansion énergétique de l'été, voici l'automne et sa douce période de lâcher-prise. C'est l'heure de faire une pause et d'observer. Le passage à l'automne dans notre calendrier s'effectue le 21 ou le 22 septembre selon l'année, jour de l'équinoxe. Il marque le point d'équilibre du cycle : le jour égale la nuit. Dans cette égalité s'annoncent le déclin de la lumière et le retrait de la nature. L'été qui s'achève fait naître en nous un sentiment étrange, impalpable, niché au creux de notre plexus solaire. Nous aimerions tellement le retenir. Nous aimerions tellement éloigner de nous cette angoisse teintée de nostalgie qui marque toute fin, tout départ, tout renoncement.

QUEL ÉTAT D'ESPRIT ADOPTER ?

- **On se pose, on fait le point et on se prépare** à transformer l'énergie pour l'utiliser en temps voulu.
- **On valorise les acquis et on fait des provisions.** C'est le moment de se recentrer sur ses objectifs et de progressivement ralentir le rythme.
- L'automne correspond à **la direction de l'ouest**. Symboliquement, dans le cycle de la vie, le soleil qui décline représente l'âge mûr. C'est donc la période favorable à la gratitude envers tout ce qui nous a été offert.
- La phase lunaire de l'automne est **la lune descendante**, liée à l'intériorisation. C'est la saison de l'introspection et de l'équilibre, c'est le temps de la maturité et de l'acceptation.

LES RITUELS : ACCEPTATION

C'est la rentrée, la parenthèse estivale se ferme doucement. Le soleil n'est déjà plus le même. L'automne est une saison de transition. Le monde végétal comme le règne animal se préparent à l'hiver. Il est temps de ralentir le rythme pour vivre les changements énergétiques à venir.

- **Chez vous :** remettez de l'ordre dans vos papiers et établissez votre emploi du temps. Nettoyez les énergies stagnantes de votre habitation avec des fumigations de sauge. Réorganisez votre espace, changez quelques éléments de décoration, inspirez-vous du feng shui et travaillez sur les couleurs lumineuses et chaudes.
- **Pour vous :** recherchez des moments de silence pour écouter et accueillir en paix les changements. Prenez un bain au sel d'Epsom ou une douche en pleine conscience. Travaillez sur les émotions en ***breathwork*** (ou « respiration holotropique », technique d'hyperventilation qui permet de changer d'état de conscience, voir p. 151). Diffusez une synergie d'huiles essentielles harmonisantes (lavande, mandarine, petit grain).

SANTÉ : ÊTRE DANS L'ÉQUILIBRE

L'été, l'organisme a fonctionné à plein régime. Maintenant, il faut penser à le mettre au repos tout en gardant cette belle énergie estivale. Le corps se renforce tout en douceur pour mieux accueillir l'arrivée du froid. Comme au printemps, autre saison de transition, on détoxifie. Par exemple, un jus de citron dans de l'eau chaude le matin à jeun relance le métabolisme.

L'organe concerné par la saison est le poumon. Le yoga du son vous aidera à le nettoyer et à faire face aux variations d'humeurs.

- Pour garder l'équilibre émotionnel et éviter les épisodes de baisse de moral, pensez à vous exposer à la **lumière du jour** quelques minutes par jour.
- Buvez des **tisanes** de gingembre, de fenouil, de thym.
- Les **huiles essentielles** vous aident à anticiper la baisse du système immunitaire. L'arbre à thé (tea tree) et le ravintsara sont les alliés de l'organisme.
- Je vous propose aussi de tester ma recette de **miel aux essences miracles** (voir p. 168).

- Prenez soin de la qualité de votre **sommeil**. Essayez un spray à la mélatonine, ou bien l'huile essentielle de lavande en diffusion sur le plexus solaire et à l'intérieur des poignets (2 gouttes).

ALIMENTATION : RÉCHAUFFER ET RÉCONFORTER

Les températures baissent, le corps commence à se refroidir.

- La nature est bien faite : comme cette nouvelle saison peut parfois s'accompagner de fatigue et d'une baisse de moral, elle vous offre une multitude d'aliments « bonne humeur », riches en **magnésium et vitamines**. Le magnésium permet, entre autres, de lutter contre la fatigue et le stress.
- On augmente peu à peu les **portions**, tout en restant raisonnable.
- Donnez la préférence à des **textures onctueuses et épicées**. Cuisinez-vous des soupes qui apportent vitamines, fibres et chaleur.

C'est le temps des **légumineuses et oléagineux** : les noix sont un soutien pour notre cerveau, la mémoire et l'humeur. On peut aussi aller en forêt pour ramasser des châtaignes riches en calcium, fer et potassium.

- Privilégiez les **superaliments** ou *superfoods* : les pommes, poires et raisins sont de fabuleux antioxydants. Une cure de raisin agit sur le fonctionnement de nos vaisseaux sanguins : riche en fibres, ce fruit favorise la digestion en purifiant nos intestins et notre foie.
- Cette saison est placée sous le signe du **champignon**, l'un des aliments star de l'automne. Riche en vitamines B et D et en minéraux, il prévient la fatigue et les coups de blues. Les propriétés adaptogènes du shiitaké immunostimulant et antioxydant sont un véritable trésor de bienfaits pour la santé et la beauté.
- J'aime aussi consommer à cette période davantage de **curmuma**, qui me réconforte et me réchauffe.

BEAUTÉ : DOUCEUR

À la fin de l'été, la peau a pris un joli hâle qui donne bonne mine. Pour garder cet éclat et faire la transition en douceur, modifiez légèrement votre routine beauté.

- **Les bons gestes à garder :** nettoyez l'épiderme matin et soir ; hydratez le matin, nourrissez le soir ; restez léger sur le maquillage, tendance « no make-up ».
- **Ce que vous pouvez changer :** surprenez votre peau avec une nouvelle crème. Boostez votre soin nourrissant du soir avec une huile végétale (jojoba) et ajoutez un automassage pour activer la microcirculation.
- Pour éviter la phase teint terne, faites une **exfoliation** une fois par semaine. Cela favorise le renouvellement cellulaire et accompagne le débronzage. Ainsi, vous retrouverez votre teint d'hiver tout en conservant votre éclat.
- C'est la saison des **masques** : l'aloé véra frais répare le dessèchement et l'épaississement de la peau induits par l'exposition solaire (voir p. 169).
- N'oubliez pas **votre corps** : offrez-lui un hammam gommage pour une peau veloutée. Pensez à vous masser ou à vous faire masser régulièrement pour conserver la tonicité gagnée en été.

RITUEL DE L'ÉQUINOXE D'AUTOMNE

L'équinoxe d'automne nous met face à un puissant portail énergétique : c'est le passage vers les énergies d'introspection. Le franchir, c'est accepter de se dépouiller pour aller à la rencontre de soi et vivre son incarnation. À l'image de l'arbre qui perd ses feuilles, nous acceptons avec amour les leçons de la vie. Nous comprenons que tout ce qui meurt se transforme, que les feuilles mortes nourrissent la terre, que dans la fin il y a le commencement.

Si vous êtes seul, positionnez votre altar vers l'ouest et tournez-vous vers lui. Si vous êtes plusieurs, formez un cercle et placez l'altar au centre.

Commencez par composer votre autel avec :

- une bougie jaune, orange ou rouge ;
- un bâton de sauge blanche, des allumettes et une coupelle pour poser la sauge en toute sécurité ;
- des fruits et végétaux d'automne : pommes, raisins, noix, feuilles, fleurs ;
- une représentation visuelle ou une liste d'affirmations positives de ce que vous voulez changer ;
- une bouteille d'eau en verre et un gobelet par participant ;
- des pierres de lâcher-prise et de guérison (malachite, quartz rose, citrine).

Laissez libre cours à votre créativité ! Vous pouvez également vous inspirer de la géométrie sacrée pour créer un *grid* (cristaux disposés en forme géométrique, voir p. 119) aux couleurs d'automne. Avant de commencer le rituel, assurez-vous d'être dans le calme, de porter une tenue confortable et idéalement d'être pieds nus pour établir le contact avec la terre.

- Allumez la bougie. Pratiquez une fumigation avec la sauge (voir p. 106 et 111) pour purifier et sacraliser l'espace. Asseyez-vous confortablement en tailleur, les mains sur les genoux, stable, détendu.
- Seul, prenez 3 profondes inspirations et expirations. Si vous êtes plusieurs, connectez-vous les uns aux autres en vous donnant la main le temps des 3 inspirations et expirations.

- Fermez les yeux. Laissez reposer votre esprit. Portez votre attention sur votre souffle. Votre respiration est régulière, sans effort.
- Vous sentez le sol sur lequel vous êtes assis. Vous prenez conscience de l'énergie de la Terre qui remonte du bas de votre colonne vertébrale jusqu'au sommet de votre crâne. Elle se diffuse jusqu'au bout de vos orteils, jusqu'au bout de vos doigts. Elle vous communique sa force vitale.
- Il est temps de formuler ce que vous voulez laisser. Rendez à la Terre ce qui vous est inutile. Créez un nouvel espace clair et lumineux. Investissez-le.
- Visualisez votre vie libérée de ce qui vous entrave. Observez. Vous souriez.
- Vous accueillez les transformations. Vous accueillez les surprises de la vie.
- Vous êtes dans la plénitude. Goûtez ce silence.
- Revenez sur votre respiration. Commencez à bouger vos pieds, vos mains, votre tête. Prenez le temps nécessaire pour revenir.
- À présent, levez-vous. Si vous êtes en groupe, reformez le cercle en joignant vos mains. Remerciez la Terre et l'Univers pour leurs bienfaits. Votre gratitude est infinie.
- Buvez un verre de l'eau de cérémonie et mangez un fruit de l'offrande.

EN HIVER, JE PRÉPARE

L'hiver est un temps de connexion à soi-même, de recueillement et de construction intérieure. Dans notre calendrier, le passage à l'hiver se fait le 21 décembre, jour du solstice d'hiver lors duquel une nuit longue et noire succède à un jour bref.

QUEL ÉTAT D'ESPRIT ADOPTER ?

- L'hiver est le moment propice à la réflexion et au silence. **On se ressource, on redirige l'énergie vers soi-même, on fait le bilan et on profite du calme** de la nature endormie.
- C'est la saison du repos et de l'hibernation de la Terre. **On se pose et on rassemble toute son énergie** afin de prendre de la puissance.
- L'hiver correspond à **la direction du nord**. Symboliquement, dans le cycle de la vie, le soleil qui se couche représente la vieillesse. C'est donc la période favorable à la régénération : on se protège pour mieux se reconstruire.
- La phase lunaire de l'hiver est **la nouvelle lune**. On se prépare à être plus fort, on s'enracine.

LES RITUELS : INTROSPECTION

On entretient nos mémoires, nos souvenirs, on se recentre, à l'image du règne végétal qui recentre sa sève dans ses racines, au creux de la chaleur de la terre. Nous pouvons ainsi nous connecter à nous-mêmes au niveau du plexus solaire, notre creux de chaleur, afin d'entretenir notre lumière intérieure.

SANTÉ : SE REPOSER

Pour préparer la montée d'énergie future, il est essentiel de prendre soin de soi : on s'hydrate, on bouge, on dort.

- Faire une cure de **probiotiques** permet de redonner de la force au système digestif et donc de booster le système immunitaire.
- Pensez à la **vitamine D**, car le manque de lumière induit une tendance à la dépression.
- L'organe concerné par cette saison est le rein : vous pouvez pratiquer l'exercice de nettoyage du rein par le son.
- Buvez des **infusions** de cannelle, clou de girofle, gingembre pour réchauffer votre organisme ou encore du lait d'or au curcuma, pour renforcer votre immunité (voir p. 248).

ALIMENTATION : ÉQUILIBRE

L'hiver est la période des légumes réconfortants qui poussent sous la terre.

- Profitez de **portions plus généreuses** en mangeant et buvant le plus possible **chaud ou à température ambiante** : concoctez-vous des soupes aux légumes de saison (carottes, courges, panais, navet...). De préférence, bannissez le froid afin de garder toute votre énergie.
- **Épicez vos plats** pour vous aider à activer la digestion, qui peut s'endormir avec le froid de l'hiver.
- Cette saison nous offre de vrais alliés nutritifs afin de renforcer notre système immunitaire, combattre les agressions du froid et l'apparition de virus. Un super aliment de l'hiver à utiliser sans parcimonie : **l'ail**. Il contribue à stimuler vos défenses naturelles, est antibactérien et chasse les microbes de l'hiver. On peut écraser une gousse crue dans de l'huile ou la mixer dans les potages. Un houmous à l'ail protège le système immunitaire. Pensez aussi au **gingembre** et au **poivre noir**. Les **choux**, dont le chou frisé, sont source de potassium. Alors à vos soupes aux choux boostées avec des graines et des noisettes ! La **grenade** est un super anti-inflammatoire. La **betterave** est parfaite pour améliorer votre énergie. Vous pouvez la consommer en jus.

BEAUTÉ : PROTECTION

Nous avons souvent tendance à négliger les soins du corps pendant l'hiver : la peau, cachée par les vêtements, disparaît de nos préoccupations. C'est pourtant au creux de l'hiver qu'elle a le plus besoin d'attention. Le froid augmente les risques de sécheresse cutanée, les rougeurs sur le visage et les mains. La peau tiraille, les lèvres gercent. Alors usez et abusez des crèmes et huiles ultra hydratantes, et pensez aux masques nutritifs.

- Sous la **douche**, utilisez une huile lavante ou enduisez votre peau encore humide de jojoba ou de beurre de karité pour contrer l'action desséchante de l'eau calcaire.
- **Les pieds**, soumis au froid et aux frottements des chaussures, peuvent souffrir de cors et, pour les plus sensibles, de crevasses. Surveillez-les de près ! Une fois par semaine, réalisez un gommage. Et aussi souvent que vous le désirez, massez-vous les pieds avec une huile végétale (jojoba), puis enfilez des chaussettes en coton.
- Intégrez dans votre routine du soir un **automassage** manuel ou avec un outil en pierre (gua sha, roller, voir p. 158). Massez-vous selon les techniques d'ayurveda aux huiles chaudes.

RITUEL DU
SOLSTICE D'HIVER

Le solstice d'hiver prépare la gestation de la nouvelle lumière, dont les éclats sont dispersés dans les flocons de neige. À nous d'être prêts pour accueillir ce miracle de la vie éternelle ! Bien que la direction cardinale de l'hiver soit le nord, dans ce rituel, vous vous tournerez vers l'est, en éveil, attentif à la naissance des premières lueurs annonciatrices de la victoire de la lumière sur les ténèbres.

Cette méditation de pleine conscience est à pratiquer le soir du solstice d'hiver.

- Allumez une bougie dans un photophore. Faites brûler des plantes sacrées (yerba santa, sauge blanche). Ornez votre altar d'une fleur blanche, par exemple un hellébore (rose de Noël).
- Installez-vous confortablement, en direction de l'est. Fermez les yeux. Inspirez, expirez.
- Votre corps se détend. Sentez le calme entrer en vous.
- Restez un temps à observer votre intériorité. Vous êtes en paix. Vous souriez.
- Vous sentez le sol sur lequel vous êtes assis. Vous faites partie de la planète Terre.
- Vous êtes heureux d'être ici et maintenant. Vous ressentez de la joie.
- Vous visualisez le ciel et les étoiles au-dessus de vous. Vous faites partie du cosmos.
- Vous prenez conscience de cette lumière toujours présente même au cœur de l'obscurité.
- Vous sentez l'amour infini. Au bout de l'horizon, une lueur apparaît. Vous la voyez grandir de plus en plus et éclairer le firmament.
- C'est le soleil qui se lève et qui repousse l'obscurité. Avec lui, vos peurs disparaissent. Vous lui souriez.
- Inspirez. Accueillez sa lumière bienfaisante. Laissez-la entrer en vous. Vous rayonnez.
- Expirez.
- Participez à la manifestation du cosmos. Vous êtes rempli de paix, d'amour et de joie. Vous rendez grâce. Laissez votre esprit baigné d'amour et de paix revenir doucement au monde qui vous entoure.

La roue des saisons

Les saisons et leurs correspondances symboliques

Printemps
La naissance : temps de renouveau et de vision
Direction = est
Phase lunaire = lune croissante
Élément = air 🜁
Symbole = plume

Été
La formation : temps de joie et de puissance
Direction = sud
Phase lunaire = pleine lune
Élément = feu △
Symbole = flamme

Automne
La maturité : temps de libération et d'authenticité
Direction = ouest
Phase lunaire = lune décroissante
Élément = eau ▽
Symbole = feuille

Hiver
Le déclin : temps de repos et d'intériorisation
Direction = nord
Phase lunaire = nouvelle lune
Élément = terre 🜃
Symbole = minéral

Les intersaisons :
De printemps : fin janvier - début février
D'été : mi-avril - début mai
D'automne : fin juillet - mi-août
D'hiver : fin octobre - début novembre

Le début des saisons est défini par les solstices et les équinoxes
Équinoxe de printemps 21 mars
Solstice d'été 21 juin
Équinoxe d'automne 21 septembre
Solstice d'hiver 21 décembre

Dans ce calendrier de correspondance énergétique, il n'y a pas 4 mais 5 saisons. Les intersaisons sont prises en compte afin de nous aider à anticiper les passages saisonniers associés à un changement d'état. Nous pouvons alors renforcer nos énergies durant ces périodes. Booster l'organe associé à chaque saison (voir p. 19) permet de retrouver une santé équilibrée rapidement.

Le saviez-vous ?

Nos émotions sont en lien direct avec nos organes, elles impactent leur équilibre.
Poumons = tristesse
Cœur = joie
Foie = colère
Rate / pancréas = soucis
Reins / vessie = peur

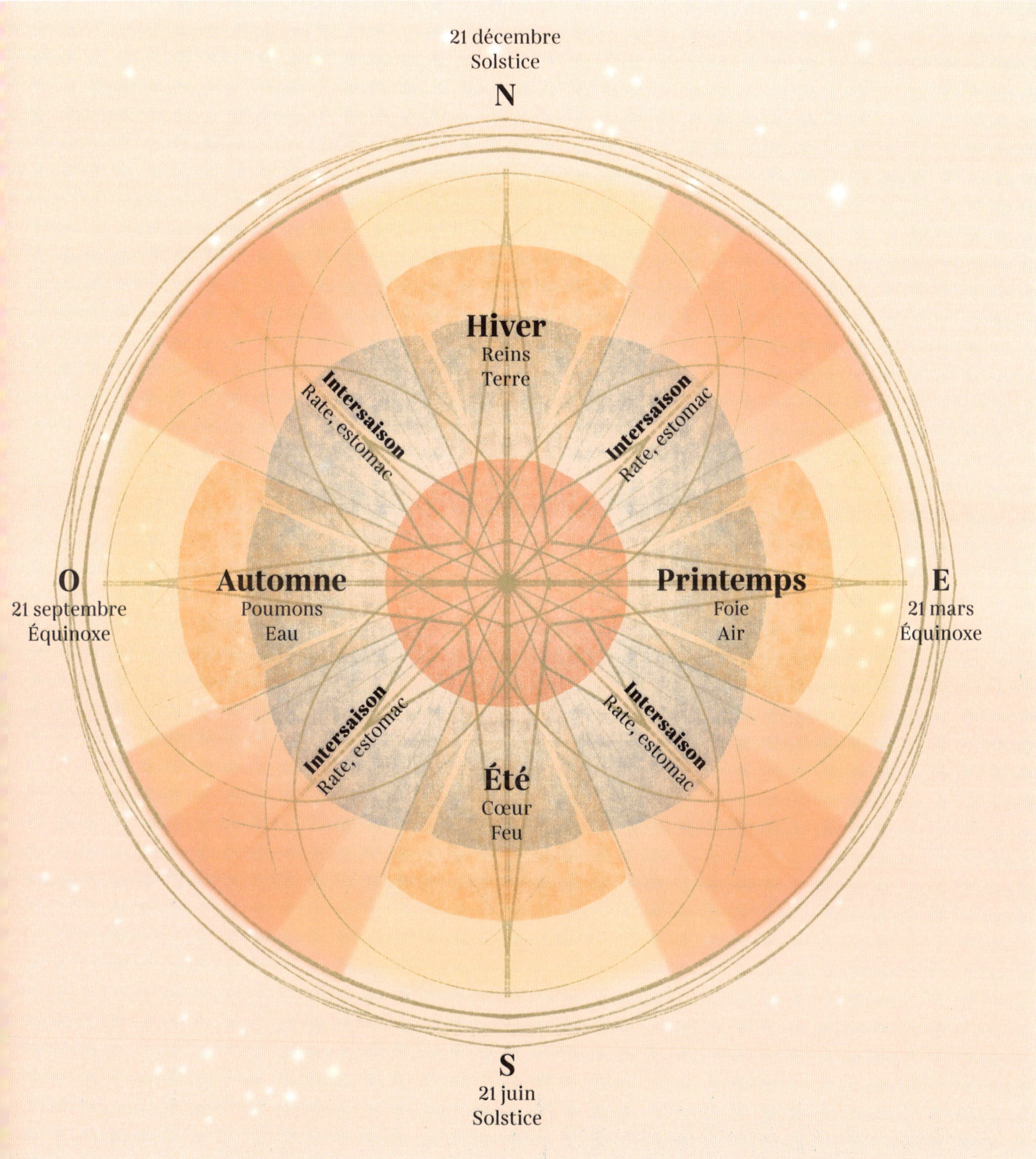
21 décembre
Solstice
N
Hiver
Reins
Terre
Intersaison
Rate, estomac
Intersaison
Rate, estomac
O
21 septembre
Équinoxe
Automne
Poumons
Eau
Printemps
Foie
Air
E
21 mars
Équinoxe
Intersaison
Rate, estomac
Intersaison
Rate, estomac
Été
Cœur
Feu
S
21 juin
Solstice

3 • Les phases de la Lune

L'énergie de la Lune convient à la sphère du bien-être et de la beauté. Pourtant, parce que notre société est moins connectée aux traditions ancestrales, nous ne tenons plus compte des cycles lunaires, qui influent sur notre énergie et nos humeurs.

La Lune a des effets puissants sur notre planète : sa force d'attraction affecte les marées, dont les courants modulent la circulation océanique qui redistribue la chaleur de l'équateur vers les pôles. Elle a donc un effet sur le climat. Sa force gravitationnelle maintient également la légère inclinaison de l'axe de la Terre, qui détermine les saisons.

Notre corps, fait majoritairement d'eau, est lui aussi sensible, jusqu'au niveau cellulaire, à l'influence de la Lune. Sous son action, nos fluides et nos cellules vivent une micromarée dans notre corps. Et bien sûr, les femmes ont un cycle menstruel rythmé par celui de la Lune. La Lune représente d'ailleurs l'énergie yin, donc notre côté féminin.

Lorsque nous prenons conscience des phases par lesquelles la Lune passe, nous pouvons vivre pleinement les changements qui s'opèrent dans notre corps et tirer parti de ces mouvements énergétiques pour notre beauté. Les quatre grandes phases de cet astre peuvent en effet nous aider à nous caler dans nos énergies féminines et à nous harmoniser.

Vivre en conscience avec ces cycles est un très grand support pour gagner en confiance en soi, et pratiquer des rites de lune est une expérience rééquilibrante.

« La lune est le rêve du soleil. »

PAUL KLEE

Guide des phases

Le cycle lunaire dure environ 29,5 jours. De la nouvelle lune à la pleine lune, pendant 13 jours, la lune croît, puis reste plus d'une journée en phase pleine. Ensuite la lune décroît de la pleine lune à la nouvelle lune pendant 13 jours, et reste plus d'une journée en phase de nouvelle lune. Durant cette période, 8 phases se succèdent, en fonction de l'alignement entre la Lune, le Soleil et la Terre. Nous nous concentrerons sur les 4 phases principales, dont il faut avoir conscience et avec lesquelles vous pourrez travailler afin de vous sentir en harmonie avec vous-même et la nature : la nouvelle lune, la lune croissante, la pleine lune, la lune décroissante. Pour vous imprégner de l'énergie lunaire, pensez à observer le ciel : levez la tête aussi souvent que possible, regardez les étoiles, cherchez la Lune, observez son charme, sa luminosité et exprimez-lui gratitude et admiration.

LA NOUVELLE LUNE : NOUVEAUX PROJETS, NOUVEAUX OBJECTIFS

Dans cette phase, la Lune se cache derrière le Soleil et devient invisible. Certains l'appellent « lune noire » ou « lune sombre » (à ne pas confondre avec Lilith, la Lune Noire de l'astrologie).

La nouvelle lune marque à la fois la fin d'un cycle et le début d'un nouveau. C'est le moment idéal pour faire le point et se fixer des objectifs, pour poser des intentions et semer les graines du futur.

Autorisez-vous une pause bénéfique à l'écoute de vos énergies féminines. Pendant cette phase, il faut se régénérer, se ressourcer, se retrouver. Prenez soin de vous, apprenez à faire taire votre mental pour vous relier à votre intuition. Douceur, détente, protection.

CÔTÉ SACRÉ

- Les hautes vibrations des **senteurs divines** des huiles de jasmin, de rose et de néroli diffusées dans votre foyer vous transportent.
- Utilisez aussi les **huiles essentielles relaxantes** en diffusion : lavande, orange douce.
- Les fumées des **encens sacrés** (santal, benjoin, encens Oliban) vous enveloppent et leur parfum libère vos émotions.
- **La musique et les mantras** accompagnent vos transformations intérieures : par exemple les méditations sur le mantra universel OM ou la fréquence de guérison 528 htz appelée « fréquence miracle » (voir p. 90 et 217).
- Pratiquez des **bains purificateurs** et des **douches aromatiques** en pleine conscience (voir p. 146).
- Recevez un **bain de son de cristal** (voir p. 212).

CÔTÉ BEAUTÉ

Cette phase est propice au recentrage sur soi : purifiez, relaxez et réconfortez.

- Chez vous ou en institut, pratiquez des **soins purifiants**. Gommages et masques sont parfaits pendant cette phase.
- Pensez à **hydrater visage et corps**. Appliquez votre huile végétale à la sortie de la douche sur votre peau légèrement humide pour un effet optimum.
- N'oubliez pas de vous faire plaisir avec des **massages relaxants** aux huiles essentielles. Essayez le massage ayurvédique abhyanga aux huiles chaudes sur toutes les parties de votre corps : il est réconfortant et antistress.

RITUEL D'INTENTION À LA NOUVELLE LUNE

La nouvelle lune est le moment idéal pour formuler nos intentions de renouveau. Quelles sont nos priorités ? Que désirons-nous ? Quels projets nous tiennent particulièrement à cœur ? Je vous propose d'apprendre à exprimer vos intentions pour que vos rêves deviennent réalité.

- Allumez une bougie, placez des fleurs fraîches et, avec de l'encens, faites une purification énergétique des lieux et de votre aura.
- Une fois vos intentions clairement définies, écrivez-les sur un papier ou dans un carnet réservé à cet usage. Pas plus de dix phrases, toujours au présent, à la première personne et en utilisant des affirmations positives. Il est possible de renforcer une demande en l'écrivant plusieurs fois, formulée différemment. Si on répète un vœu deux fois, il compte comme deux.
- Placez un cristal seul ou en *grid* (voir p. 119) sur vos intentions écrites. Un cristal de roche amplifie et clarifie votre demande : l'améthyste favorise la créativité, la citrine est symbole d'abondance, le quartz rose est prescrit pour les affaires de cœur, un jaspe rouge pour les projets en général (voir p. 176).
- À vous de composer selon vos demandes.
- Tenez-vous debout, les pieds bien ancrés au sol, les bras en ouverture, paume des mains tournées vers le ciel. Respirez 3 fois.
- Récitez 11 fois un mantra de connexion aux énergies : « Ong namo Guru Dev namo » ou simplement « Om », le son primordial (voir p. 217).
- Ressentez les énergies du cosmos qui entrent par le haut de votre tête. Sentez celles du centre de la Terre qui montent par la plante de vos pieds. Elles se rejoignent au chakra cœur (voir p. 81). Elles circulent jusqu'au bout de vos doigts.
- Joignez vos mains en prière sur le plexus. Vous êtes dans l'unicité.
- Donnez vie à vos intentions.
- Adressez à la Lune une prière spontanée. Dites-lui votre confiance dans ses énergies créatives. Confiez-lui vos vœux comme autant de graines à germer.
- Respirez. Restez un temps immobile, ressentez la paix et l'harmonie.
- Remerciez la Lune et l'Univers pour leur bienveillance.

« Choisis bien tes mots, car ce sont eux qui créent le monde qui t'entoure. »

SAGESSE NAVAJO

LA LUNE CROISSANTE : ATTRACTION

C'est le moment où la partie droite de la Lune est éclairée : elle a une forme de « C » inversé.

Cette phase de la Lune apporte beaucoup de vitalité. Notre énergie physique et psychique peu à peu se remet en route, notre potentiel augmente, nous nous extériorisons plus facilement. La Lune se remplit et nous insuffle ses superpouvoirs d'abondance.

CÔTÉ SACRÉ

- Attention, c'est une période où le corps tire profit de la nourriture : **évitez les repas trop lourds, trop gras**. C'est le bon moment pour adopter un régime alimentaire sain et équilibré et de faire une **cure de jus et de smoothie verts**. De manière générale, privilégiez les aliments verts (voir p. 231).
- Supplémentez-vous en **chlorophylle** qui booste les défenses immunitaires, oxygène nos cellules, apporte du magnésium et a des vertus détoxifiantes et purifiantes. On peut se supplémenter en chlorophylle en mangeant plus d'aliments verts tels que des algues, des plantes, des légumes ou bien en prenant des compléments alimentaires sous forme de gélules ou de liquide. Oxygéner ainsi son organisme permet de révéler sa beauté énergétique.
- Retrouvez le côté sacré de la nourriture. Essayez de prendre **un repas en pleine conscience**, dans le silence, loin de toute agitation et d'influences extérieures. Oubliez un temps téléphone, télévision, radio. Profitez pleinement de ce recentrage. Il est intéressant de partager cette pratique avec des personnes qui sont sur la même vibration.

CÔTÉ BEAUTÉ

Les rendez-vous beauté de la lune croissante sont régénération, vitalité, croissance. C'est le bon moment pour offrir du changement à notre peau et découvrir de nouvelles routines beauté.

- Afin de donner de l'éclat à votre teint, faites des **masques maison au matcha et au miel** de manuka (voir p. 168).
- Pensez au **gommage** de votre visage et de votre corps pour l'oxygénation des cellules, puis appliquez un soin hydratant.
- Pratiquez un **automassage du visage** (voir p. 158) avec des huiles végétales et un **gua sha** pour booster la régénération cellulaire.
- Essayez le **jeûne cosmétique** : après un démaquillage soigné et un rinçage avec un hydrolat, laissez votre peau respirer pendant 24 h sans appliquer aucun produit.
- Faites une beauté des mains : le fait de limer, repousser les cuticules et hydrater généreusement les mains et les ongles stimule et favorise la pousse des ongles.

RITUEL DE LUNE CROISSANTE :

MANIFESTATION DES DÉSIRS

La Lune nous offre tous les mois la magie du renouveau. Lorsqu'elle est croissante, elle apporte beaucoup d'énergie, c'est donc le moment propice pour soutenir la loi d'attraction et pour accompagner la réalisation de nos projets. Voici un rituel énergétique tout simple et léger, comme nos rêves en devenir.

- Sur votre autel, disposez un spray aurique (composition d'aromathérapie énergétique en spray dynamisé avec des cristaux), une bougie, une fleur, une plume, un quartz clair et une ou plusieurs gemmes selon la nature de la demande (la citrine pour l'abondance, le quartz rose pour l'amour, la malachite pour la guérison… voir p. 176).
- Allumez la bougie et purifiez l'espace sacré avec le spray aurique.
- Respirez profondément.
- Reprenez votre lettre écrite à la nouvelle lune et lisez à haute voix vos intentions.
- Vérifiez si elles résonnent toujours en vous.
- Vous pouvez décider de donner plus d'énergie à une demande qu'à une autre si elle se révèle être une priorité.
- Replacez la lettre sur l'autel, puis reposez les pierres dessus.
- Remerciez l'Univers.

Nouvelle Lune
* Je suis heureuse d'être en
pleine santé
* Je suis épanouie
de ma
* Je suis

LA PLEINE LUNE : MANIFESTATION, ABONDANCE, GRATITUDE

La pleine lune est le moment où le Soleil et la Lune sont en opposition : la Lune est éclairée, entièrement visible, et dans son éloignement maximal du Soleil. Au plus fort de son rayonnement énergétique, dans cette position, l'astre crée une tension dynamique.

Le temps plein de la Lune nous apporte vitalité et joie. À son apogée, elle nous illumine et sa clarté pénètre au cœur de notre conscience. Nous découvrons notre puissance dans la sienne. Nous pouvons mettre à profit cet éclairage pour affronter nos blocages émotionnels et entrer dans un processus de libération. Il s'agit de quitter les vieux schémas, pardonner et se pardonner.

CÔTÉ SACRÉ

- Notre organisme est en mode dynamo, il se recharge très facilement. Chez certains, cette énergie puissante exacerbe les émotions, ce qui peut provoquer des troubles du sommeil. Il est possible de canaliser ce trop-plein avec **la danse, le chant et le rire**. Invitez la joie dans la ritualisation de cet événement.
- Faites appel au **pouvoir des pierres**. La pierre de lune réveille votre part divine, tandis que l'améthyste développe votre créativité et vous connecte à votre intériorité.
- Commencez la rédaction d'un **carnet d'abondance**. Écrivez-y tous vos souhaits et intentions d'abondance à venir : il doit contenir tout ce qui vous rend heureux, vous motive et rend votre quotidien joyeux. Tout doit être formulé au présent et sur un ton positif, car l'Univers ne comprend ni la notion de futur ni celle de probabilité. C'est la « loi de l'attraction ».
- C'est aussi le moment de **purifier les cristaux et les objets en pierre** afin de les recharger sous les rayons de la pleine lune (voir p. 177).

CÔTÉ BEAUTÉ

Les rendez-vous beauté de la pleine lune : hydrater, donner de l'éclat et tonifier. Profitez des énergies dynamiques de cette phase pour agir sur votre beauté.

- Faites des **soins hydratants** : par exemple des masques à l'aloé véra frais (voir p. 169).
- Les **soins équilibrants** sont aussi recommandés : faites une cure de **probiotiques** soit en complément alimentaire (1 ou 2 gélules par jour pendant 3 semaines ou 1 mois) soit en ajout à votre eau de soin, à votre crème ou à votre masque (1/2 gélule par application), en mini-cure, pour protéger votre flore cutanée et garder un PH sain. On trouve aussi dans le commerce des crèmes contenant des probiotiques.
- Privilégiez les **soins éclat teint zéro défaut pour le visage**. Faites la part belle à tout ce qui purifie, détoxifie et clarifie le teint, notamment les eaux florales astringentes telles que les hydrolats de romarin, de lavande, de rose ou de menthe poivrée.
- Coupez **vos cheveux** et faites des masques brillance et hydratation.
- Dépensez toute votre belle énergie dans des **activités sportives**.

RITUEL DE PLEINE LUNE :
GRATITUDE

Lorsque la Lune est pleine, l'énergie est à son maximum. C'est donc le moment idéal pour manifester votre gratitude pour les cadeaux reçus de la vie. C'est le moment de faire le point sur ce que vous avez vécu depuis la dernière lunaison.
N'oubliez pas que l'Univers vous donne mieux que ce que vous demandez : il vous donne ce dont vous avez besoin.
Vous avez l'occasion de redéfinir vos priorités et de penser à ce qu'il vous faudra lâcher pendant la décroissance lunaire qui se profile.

- Allumez une bougie. Ouvrez l'espace sacré avec une fumigation à l'encens. Enveloppez votre aura dans cette fumée purificatrice.
- Asseyez-vous en tailleur, mains jointes sur le chakra cœur (voir p. 81).
- Respirez profondément 3 fois. Posez vos mains sur vos genoux, paumes ouvertes vers le ciel. Trouvez l'équilibre dans une position confortable.
- Visualisez chaque partie de votre corps, de la pointe des orteils jusqu'à la pointe des cheveux.
- Écoutez votre corps. Faites silence. Suivez le rythme de votre souffle. Vous êtes de plus en plus calme.
- Respirez. Goûtez le silence. Restez dans ce « rien qu'à soi ».
- Accueillez vos émotions : elles ne sont ni positives, ni négatives, elles sont. Laissez-les partir. Reconnaissez ce qui s'est accompli dans votre vie depuis le dernier cycle lunaire. Même les plus petites manifestations. Même celles qui ne se présentent pas sous la forme attendue.
- Remerciez l'Univers avec gratitude. Vous êtes bien, ici et maintenant. Respirez profondément.
- Doucement, revenez au monde.

LA LUNE DÉCROISSANTE : LIBÉRATION, LÂCHER-PRISE

C'est le moment où la moitié gauche seulement de la Lune est visible et éclairée. Elle rétrécit jusqu'à totalement disparaître.

La lune décroissante nous assiste dans nos actions de libération. Elle aide à se défaire des mauvaises habitudes et de tout ce que nous sentons devoir éloigner de notre vie. Il est alors utile de travailler sur la qualité de nos pensées, sur la nature de nos liens relationnels, familiaux, amicaux et professionnels.

CÔTÉ SACRÉ

- Profitez de cette phase pour faire un **grand ménage** ou procéder à une réorganisation des espaces privés et professionnels. Rangez, désencombrez, triez, jetez, donnez, recyclez… créez du mouvement ! Vider un espace est le meilleur moyen de laisser la place à la nouveauté qui s'annonce avec la nouvelle lune.
- Les énergies déclinantes de la Lune sont favorables pour détoxifier l'organisme. L'efficacité **des régimes et des soins drainants** est amplifiée. Mais attention, il faut toujours prendre soin de soi avec bienveillance, et il est donc préférable de choisir des méthodes douces.
- La Lune agit sur le PH : le flux sanguin est moins important et le corps moins oxygéné est plus acide. Pour **alcaliniser l'organisme**, il suffit d'une petite réforme alimentaire : évitez la nourriture industrielle, privilégiez les légumes verts, les jus frais, les tisanes, les compléments alimentaires.
- Faites un **soin énergétique** pour aider au lâcher-prise : un massage sonore aux bols de cristal ou aux bols tibétains, un soin aux diapasons thérapeutiques, un bain de gong ou encore une session avec un magnétiseur ou un thérapeute holistique. Ces soins consistent à nettoyer et recharger votre aura (voir p. 212).

CÔTÉ BEAUTÉ

Les rendez-vous beauté de la lune décroissante : détoxifier, drainer, purifier. En phase décroissante vous avez l'opportunité de perdre vos mauvaises habitudes et de soutenir l'élimination des surcharges de l'organisme.

- Pratiquez des **drainages lymphatiques**, visage et corps, des massages minceurs.
- Offrez-vous un **massage du ventre tuina** pour le libérer, en tant que siège des émotions. De nombreux thérapeutes pratiquent cette technique chinoise qui consiste à stimuler les méridiens et le système lymphatique et à disperser les blocages énergétiques.
- Ne lésinez pas sur les **soins purifiants, exfoliants et hydratants**.
- C'est la **bonne période pour l'épilation**, la croissance du poil étant plus lente à partir de cette période lunaire.
- Pour les **cheveux**, faites un soin de masque purifiant. Et si vous les coupez, ils pousseront plus lentement mais s'épaissiront.

RITUEL DE LUNE DÉCROISSANTE :
LÂCHER-PRISE

L'astre, dans cette période, se rapproche de la symbolique de l'hiver et nous invite à ralentir, à un retour vers soi. C'est donc le moment parfait pour lâcher prise et mettre de l'ordre au niveau émotionnel et physique. Utilisons cette clé pour accéder à notre intériorité, faire face à nos blocages mentaux, à nos croyances limitantes, à nos schémas répétitifs et les laisser partir.

- Assurez-vous d'être tranquille.
- Allumez une bougie.
- Purifiez les lieux avec de l'encens.
- La pierre de cette méditation sera le jade vert à garder soit sur vous, soit à côté de vous ou posée sur votre autel.
- Fixez la bougie.
- Pratiquez le Ksepana Mudra (voir photo ci-contre), en joignant les mains au niveau du cœur, les index collés l'un contre l'autre et les autres doigts croisés et repliés.
- Inspirez sur 4 temps, bloquez sur 4, expirez sur 6 en prononçant le bija « Yam » (le bija est un son chargé d'une dimension sacrée, voir p. 90).
- Visualisez toutes vos pensées négatives qui quittent le corps physique et le corps mental.
- Recommencez 7 fois.
- Restez en méditation en répétant un mantra de lâcher-prise : « Je laisse partir ce qui ne me sert plus. » (Il est possible de l'adapter à votre situation personnelle.)
- Joignez les mains en prière sur le chakra cœur (voir p. 81).
- Remerciez.

4 • Le pouvoir du Soleil

Le Soleil est source de joie et de vitalité. Il représente l'énergie yang, donc notre côté masculin, associé à la force et à l'activité. Sa lumière guérisseuse a un pouvoir régénérant. Lorsque nous y sommes exposés, son énergie est redistribuée dans tout notre organisme et participe à la bonne assimilation des vitamines. Il est notre principale source de vitamine D, dont la synthèse booste notre système immunitaire. Il stimule les hormones du bien-être, qui régulent notre humeur et notre appétit, tandis que le manque de lumière peut conduire parfois à un état de morosité.

« Il y a du soleil à l'intérieur de chaque personne. »

RÛMÎ

Profiter avec modération des bienfaits du Soleil

- 10 à 20 minutes de soleil par jour suffisent pour booster votre humeur et vous aider à mieux dormir.
- Consultez un dermatologue pour une vérification et pour préparer votre été.
- L'exposition se fait aux rayons les plus doux, le matin avant midi, et l'après-midi après 17h.
- Usez et abusez des protections solaires, crèmes, vêtements, chapeaux, lunettes.
- Privilégiez les endroits ombragés pour un bain de lumière sans effets négatifs.
- Pensez aux vitamines et compléments alimentaires qui soutiennent la protection naturelle de l'épiderme.

RITUEL DU

BAIN DE LUMIÈRE

Dynamisez l'élément feu pour éveiller votre soleil intérieur et bénéficier de l'énergie de l'astre même au cœur de l'hiver. Vous pouvez soutenir ce rituel par la pratique du Surya Mudra (yoga par les doigts) pour intensifier les effets (voir p. 127).

- Choisissez un endroit exposé à la lumière du jour. En extérieur, vous intégrerez les bruits environnants dans votre méditation. En intérieur, vous pouvez mettre un fond sonore de bruits de la nature ou préférer le silence.
- Installez-vous confortablement, en tailleur. Si vous avez besoin d'activer votre énergie vitale, réalisez le Surya Mudra pendant toute la méditation.
- Fermez les yeux. Fixez votre attention sur votre souffle.
- Inspirez profondément par le nez, sentez l'air qui entre dans vos poumons. Restez en suspension 4 temps.
- Expirez lentement par la bouche. Au bout de cette expiration, comptez 2 temps.
- Votre respiration s'harmonise, vous sentez la paix entrer en vous. Votre souffle devient de plus en plus régulier. Vous écoutez vos sensations. Vous êtes en paix. Vous regardez vos pensées passer et s'éloigner. Elles se transforment en nuages poussés par le vent. Vous ne les retenez pas.
- Les yeux fermés, vous percevez la lumière du jour à travers vos paupières. Le soleil est là, même si vous ne le voyez pas. C'est lui qui rend possible toute vie sur cette terre. Vous ressentez sa chaleur sur votre visage, sur vos mains, sur votre corps. Elle vous enveloppe, vous caresse. Vous visualisez les rayons bienfaiteurs entrer en vous. Ils se diffusent dans toutes vos cellules.
- À présent, le soleil est en vous. Il irradie. Votre plexus solaire rayonne d'une belle lumière jaune soleil. Il éclaire l'orange de votre deuxième chakra et vos désirs se raniment. Il illumine le vert de votre plexus cardiaque et votre cœur s'ouvre.
- Un sourire se dessine sur vos lèvres. Vous êtes heureux. Vous débordez de joie. Laissez cette émotion grandir en vous.
- Peut-être votre sourire devient-il rire. Riez, laissez vos émotions s'extérioriser. Vous êtes reconnaissant. Restez quelques instants encore, baigné de joie et de lumière.
- Il est temps de revenir au monde, ici et maintenant.
- Les mains jointes sur le cœur, remerciez le soleil.

2

AU-DELÀ DU PHYSIQUE

Dans l'histoire de l'humanité, jeunesse et beauté tiennent une place importante, et pour elles, hommes et femmes sont souvent prêts à tous les sacrifices. Mais à chaque époque, à chaque civilisation et à chaque culture correspondent des normes... car la beauté est un concept subjectif et changeant. Le corps, objet de toutes les attentions et de toutes les passions humaines, est en outre souvent le lieu de pressions sociales et religieuses. Et la relation que nous entretenons avec notre apparence est donc aussi une histoire d'amour et de haine, d'appartenance ou de rejet à un groupe social.

L'époque moderne nous a libérés des contraintes, avec la suppression des corsets et la généralisation de vêtements devenus plus confortables... mais derrière cette liberté naissent de nouvelles servitudes. Le corps se voit plus et, appelant toute l'attention sur lui, devient objet : le focus se fait sur l'aspect extérieur.

La beauté nous apparaît alors comme une quête sans fin, qui nous laisse dans une insatisfaction quasi permanente. Nous nous attachons plus à paraître qu'à être. Dans ce divorce d'avec nous-mêmes, nous perdons l'authenticité.

La beauté énergétique, c'est s'éveiller à la conscience et percevoir la réalité au-delà des apparences pour rencontrer son image réconciliée. Car au-delà du corps physique, il existe un système énergétique qui permet un échange d'informations entre notre intériorité et le monde extérieur. Son bon fonctionnement est la clé de notre bien-être, tant physique que spirituel.

« La santé, c'est le parfait dialogue entre
nos cellules, notre corps et notre environnement.
En élevant notre niveau de conscience,
nous élevons notre niveau vibratoire
et renforçons notre système immunitaire.
Tout est Un et rien n'est séparé.

Le problème de notre temps n'est pas
la bombe atomique, mais le cœur de l'homme. »

ALBERT EINSTEIN

1 • L'aura, ou champ aurique

L'aura est décrite comme un halo lumineux qui entoure la personne et la pénètre. Tous les êtres vivants et les objets en possèdent une, parce que tout ce qui nous entoure émet une énergie.

Chez chacun d'entre nous, l'aura est un champ magnétique alimenté et formé par les rayonnements des chakras et ceux émis par l'ensemble de tous nos corps subtils en partant du corps physique jusqu'au corps spirituel. Elle regroupe donc l'ensemble de nos centres énergétiques.

Une aura saine et lumineuse est formée de couches d'énergie de couleurs parfaitement symétriques par rapport au corps physique, qui en disent long sur notre état physique et mental. Les perturbations sont perçues comme des zones moins lumineuses, des couleurs moins franches ou qui se mélangent à une autre.

On voit tout dans l'aura, puisqu'elle contient toutes les informations du corps et parce que les émotions qui nous parasitent ont des répercussions tant sur le plan mental que sur le plan physique. Il y a interdépendance entre l'aura et le corps physique : tout changement sur l'un a des répercussions sur l'autre. Il est donc possible d'agir sur plusieurs niveaux avec des soins énergétiques pour notre bien-être en général et notre beauté en particulier.

Il faut savoir s'écouter et écouter ses ressentis afin de garder une bonne fluidité au niveau des alignements de ces corps énergétiques. Garder un bon ancrage et une bonne connexion vibratoire est vital.

Nous sommes des êtres vibratoires

Nous sommes constitués à 70 % d'eau et nous sommes en constante vibration et résonance avec tout ce qui nous entoure. Selon les études du chercheur japonais Masaru Emoto, l'eau a une mémoire : elle retient des informations et peut être programmée grâce à des vibrations. Dans son livre *Le Miracle de l'eau*, on découvre que toute vibration positive ou négative a un impact sur l'eau. Ces vibrations peuvent avoir plusieurs origines : les mots, la musique, les bruits environnants et de la nature, les résonances énergétiques... Les sentiments qui nous procurent du bien-être, de la joie et de l'amour – les vibrations les plus élevées – nous font vibrer et nous rendent beaux, car ils produisent de l'ocytocine et réduisent le stress oxydatif, qui est une des causes du vieillissement de nos cellules.

SUR UN PLAN ÉNERGÉTIQUE

Il faut maintenir l'aura propre, brillante et forte, car elle est notre protection contre les énergies négatives, mais aussi le miroir de notre âme. Quand on entre dans une pièce, c'est elle que les gens perçoivent en premier, cette présence subtile : les émotions qui nous traversent ont donc un impact sur notre rayonnement extérieur.

Notre état de santé physique et moral dépend de l'équilibre de nos centres énergétiques. Il faut donc prendre soin de nous-mêmes dans notre globalité vibratoire.

Pour cultiver les bonnes vibrations, il faut réaliser régulièrement des nettoyages auriques grâce à la pratique de mantras, de chants purificateurs, d'exercices de yoga ou avec l'aide d'un énergéticien.

SUR LE PLAN PHYSIQUE

Le déséquilibre énergétique peut conduire, dans les cas extrêmes, à la maladie. Il contribue à se sentir moins bien dans sa peau, moins présent dans sa vie et donc moins séduisant, ce qui affecte notre beauté extérieure.

Notre corps physique a la fréquence la plus basse de tous nos corps, ce qui signifie que pour renforcer notre aura et rayonner, il faut commencer par s'occuper de lui. Entrez dans le cercle vertueux en lui offrant toute l'attention qu'il mérite.

Soignez votre alimentation bien sûr, mais faites aussi de l'exercice physique et soyez attentif à votre hygiène. Ces trois points essentiels participent au développement de l'estime de soi.

Faites rayonner votre beauté énergétique

- Il vous suffit de profiter de 5 minutes d'exposition à la lumière du jour pour recharger l'énergie de votre aura.
- Debout, visualisez la lumière solaire blanche qui entre en vous à chacune de vos inspirations.
- Retenez-la quelques secondes dans vos poumons.
- Expirez. Vous sentez la lumière traverser toutes les cellules de votre corps de l'intérieur vers l'extérieur. Elle passe la barrière transcutanée, elle rayonne par tous les pores de votre corps et repousse toutes les impuretés de votre aura.
- Vous sentez le halo lumineux tout autour de vous, vous êtes lumière.
- À présent, vous êtes en possession de tout votre potentiel énergétique.

J'ai découvert mon aura

PAR NOLYNE CERDA

Quoi de plus extraordinaire que de se savoir entouré de mille et une couleurs ? Mieux : quoi de plus beau que de savoir que ces couleurs émanent de nous ? C'est le principe même de l'aura. Nous possédons toutes et tous notre propre champ magnétique, une identité énergétique qui enveloppe notre corps et se divise en différentes couches liées à nos chakras. Selon notre vécu, nos ressentis, notre santé, notre caractère, notre activité mentale ou notre état émotionnel, l'aura sera différente et donc unique. En science, ces énergies colorées sont associées à un phénomène cognitif appelé « synesthésie » : le fait d'associer des lettres, des chiffres ou des mots à des couleurs. Mais en parapsychologie, le technicien russe Semion Kirlian a mis en place en 1939 un procédé photographique pour saisir notre lumière en un cliché.

Je me suis évidemment empressée d'essayer cette technique accessible en France car, n'étant pas clairvoyante et n'ayant pas la patience pour m'entraîner à voir concrètement l'aura (oui, oui, c'est possible), je me suis laissée tenter. Le principe est simple : on se tient assis devant un objectif, chaque main posée sur des capteurs. Une fois la photo prise, elle dévoile notre corps entouré de ses propres nuances. En plus d'être très beau, ce Polaroïd en dit beaucoup sur notre santé et nos énergies. Le tout est de savoir interpréter les couleurs.

Chaque couleur possède sa propre signification. Ainsi, le rouge sombre représente la colère, le conflit. Le rouge vif est au contraire synonyme de vitalité et de bonne énergie. L'orange clair et intense est propre aux arts et à la créativité. Le jaune reflète une activité intellectuelle importante. Le vert est symbole d'équilibre et de nature. Le bleu est porté sur la douceur et l'intuition. Le violet est associé à la force spirituelle, à la médiumnité et à la sagesse. Le noir dévoile une discorde ou un conflit qui nous habite. Parvenir à interpréter ses propres couleurs permet de faire un travail holistique profond sur soi. Certaines auras sont harmonieuses et englobent la personne, d'autres sont littéralement décalées de l'être.

Dans tous les cas, il est possible de travailler sur son aura, et c'est ce que j'ai fait. Si je n'ai pas été surprise par les nuances qui sont apparues sur ma photo, d'une certaine manière, cela m'a aidée à m'assumer et à poursuivre ma quête d'équilibre et de bien-être général.

Il vous est sûrement arrivé de penser d'une personne : « Oh, elle est rayonnante ! » Ou au contraire : « Sa présence me pèse, elle a l'air triste »... Eh bien, c'est l'aura. Se pencher dessus, c'est, je crois, se saisir pleinement de sa beauté intérieure et extérieure.

Nolyne Cerda est journaliste et podcasteuse spécialisée dans la beauté et le bien-être. Elle a lancé ses propres plateformes d'informations audio (parlons B. podcast) et digitale (Marcel\le webzine).

2 • Les corps énergétiques subtils

Nous devons explorer l'invisible avant le visible afin de mieux nous connaître et nous comprendre, car tout comme la Terre, nous possédons des champs d'énergies subtiles mesurables (sur l'échelle de Bovis).

Nous ne sommes en effet pas seulement constitués d'un corps physique, mais aussi d'une multitude de couches de corps énergétiques qui se trouvent en nous et tout autour de nous.

Ces énergies nous enveloppent et nous pénètrent : comme elles ne s'arrêtent pas à la peau, elles traversent le corps et rayonnent tout autour de nous. On les appelle les « corps subtils ». Ils sont au nombre de sept et s'articulent de l'intérieur de notre corps physique vers l'extérieur, du plus dense au plus subtil – et plus le corps est subtil, plus il est grand.

Il existe une communication permanente entre les différents corps subtils, puisqu'ils répondent à ce qui se produit en nous et autour de nous et sont en perpétuel changement selon notre état physique ou psychique du moment. Chacune de ces enveloppes possède une fonction énergétique et est en lien direct avec un chakra.

« Si vous voulez trouver les secrets de l'Univers, pensez en termes d'énergies, de fréquences, d'informations et de vibrations. »

NIKOLA TESLA

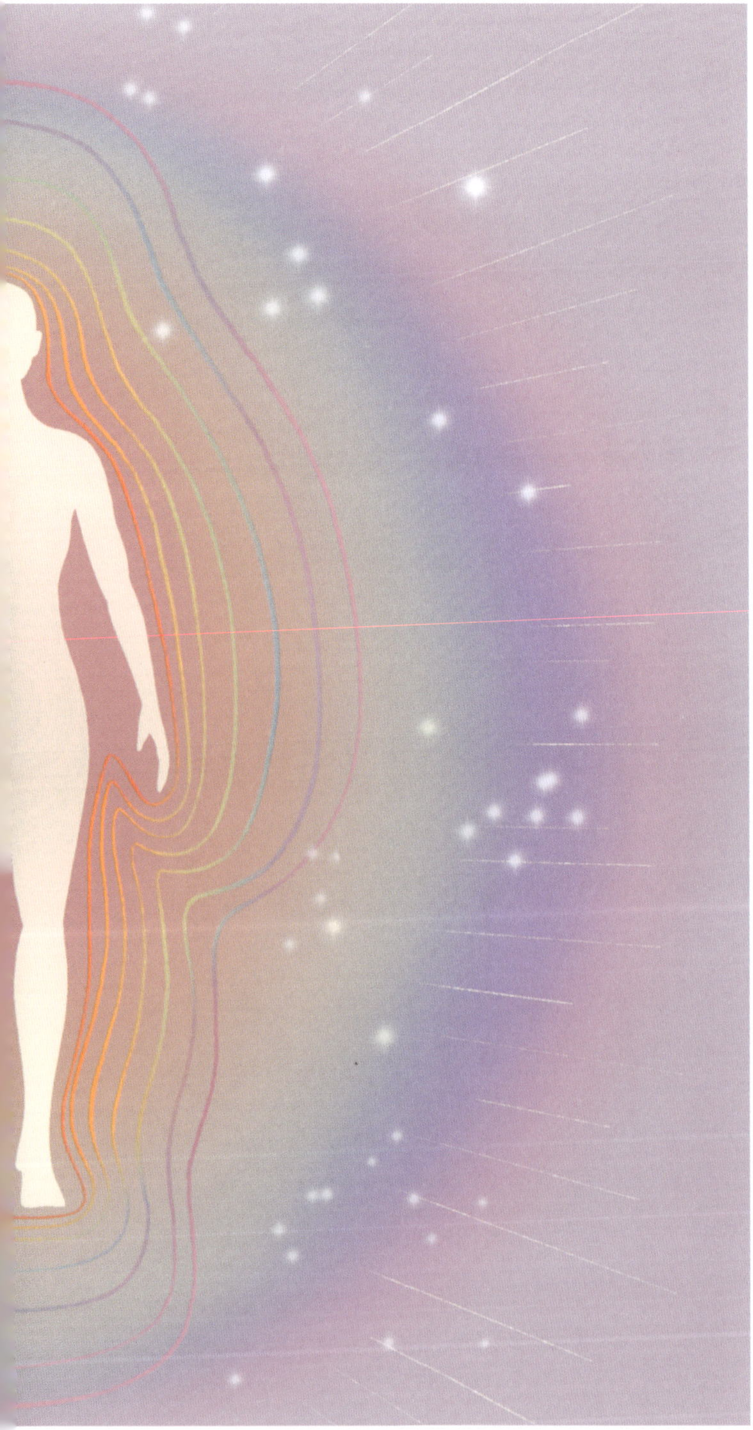

1. LE CORPS PHYSIQUE

C'est notre « véhicule terrestre », relié au plan de l'incarnation. Il nous définit dans l'ici et le maintenant. C'est celui que nous connaissons le mieux et que nous pouvons toucher. Il nous permet d'expérimenter notre vie quotidienne, avec l'aide de nos cinq sens.

2. LE CORPS ÉTHÉRIQUE

C'est le siège de nos chakras, des méridiens et des canaux énergétiques.

Son aspect est lumineux et dense. Il s'agit de la couche intérieure de l'aura, la plus visible lorsque nous sommes sensibles aux perceptions subtiles. Ce deuxième corps est le plus proche du corps physique : il suit ses contours, agit comme un bouclier, le surveille et le protège.

Notre énergie vitale se charge sur ce corps subtil : elle protège notre corps physique et nous connecte aux autres corps subtils.

3. LE CORPS ASTRAL

Relié aux émotions, il est situé entre 30 et 80 cm du corps physique. C'est notre deuxième enveloppe d'énergie subtile, multicolore et d'aspect cotonneux. Le corps astral reflète les sentiments que nous éprouvons sur le moment, et il est donc en perpétuel changement selon nos états physique et psychique. Il est très mobile et reste attaché au corps physique en passant par le corps éthérique. Il nous permet de communiquer avec nos guides (voir p. 130).

Son rôle est de stocker et de traiter toutes les informations, qu'elles soient positives ou négatives.

Il est conseillé de le nettoyer régulièrement par des exercices de méditation, des mantras, et de le nourrir de pensées positives pour l'alléger de toute pollution énergétique.

4. LE CORPS MENTAL

Il est relié à l'imagination et à la pensée. Il se situe à plus d'un mètre du corps physique, sans limite nette. Dans ce corps se trouvent le raisonnement de l'esprit et l'intellect. Il est relié au cœur et il est sensible et réfléchi. Son rôle est de faire le lien entre l'esprit et le concret.

Comme le cerveau, il se divise en deux parties : le corps mental inférieur, qui contient la raison et la logique, notre ego ; le corps mental supérieur, qui reçoit les informations du corps causal et renferme l'intuition et l'inspiration.

5. LE CORPS CAUSAL

Relié à notre intuition, d'aspect irisé et lumineux, il emplit de manière compacte l'espace entre le corps mental et le corps spirituel. Tous les impacts des événements passés vont vers ce corps, qui garde les empreintes des effets du passé. Il est associé au Karma puisqu'il garde en mémoire toutes les informations. Nous pouvons communiquer avec lui afin de nous guérir de nos bagages karmiques, nous libérant ainsi des liens du passé.

Son rôle est de nous aider à travailler sur nos expériences et à avancer sur notre chemin de vie. Mémoire de notre vie présente et de nos vies passées, il est le siège de la conscience supérieure.

6. LE CORPS SPIRITUEL

Il est relié à la conscience supérieure et se présente sous la forme d'une amande diffuse placée autour des autres couches, à plus de 5 m de haut et 3 m de large. Le corps spirituel est scintillant et nous rend conscient du lien avec les autres êtres. Il nous connecte à l'infini et à nos guides. Son rôle est de nous faire expérimenter l'amour infini et la lumière divine.

Il est le siège de la connaissance, de la conscience divine, de l'illumination.

7. LE CORPS DIVIN

Relié à l'infini, il se situe au-dessus de toutes les couches et s'étend loin autour d'elles. Il contient tout notre potentiel et toutes les informations sur notre état divin. Lorsque nous rentrons en contact avec ce corps, il nous fait comprendre que nous faisons partie du tout, de la loi universelle et que nous ne faisons qu'un avec elle. Son rôle est de nous faire vivre l'unité, la vérité et de nous relier à l'énergie de l'Univers. On établit une connexion avec le corps divin afin de connaître les désirs profonds de l'âme.

Il est le siège de la conscience cosmique.

Comment prendre soin de vos énergies subtiles ?

Considérez votre corps comme un temple, comme votre maison ou comme votre jardin. Choisissez l'image qui vous convient et agissez en conséquence pour entretenir et embellir votre bien.

Dans le même temps, pratiquez la méditation, le lâcher-prise, la respiration. Ces outils antistress participent à l'oxygénation, favorisent la régénération cellulaire et la perte de poids.

Ici comme ailleurs, c'est la régularité qui compte. Choisissez votre pratique et votre périodicité : tous les jours, toutes les semaines ou tous les mois, peu importe ! L'essentiel, c'est de vous accorder du temps.

Fixez-vous des rendez-vous avec vous-même et prenez soin de votre beauté énergétique. Vibrez de toute votre aura !

3 • Les rituels d'énergie vibratoire

Je crois qu'il est important de se poser tous les jours les questions suivantes : « Comment ça va ? », « Qu'est-ce qui me fait vibrer aujourd'hui ? », « Est-ce que je rayonne de tout mon potentiel ? », « Quel est mon état d'âme et que puis-je faire pour activer mon énergie solaire, celle qui me permet d'irradier tout autour de moi ? »

Faites aussi un état des lieux afin de maintenir vos bonnes vibrations. Lorsque vous vous sentez fatigué, pratiquez quelques rituels de purification afin de rétablir une belle vibration.

> « Si vous n'aimez pas une situation, changez-la. Si vous ne pouvez pas la changer, alors changez votre attitude. »
>
> **MAYA ANGELOU**

Les pensées positives

Pour renforcer et faire briller votre aura, il est nécessaire de développer des pensées positives.

- Identifiez ce qui vous rend négatif. Transformez-le en positif, en agissant sur ce qui peut changer, que ce soit la situation extérieure elle-même ou votre attitude.
- Évitez les situations de stress.
- Évitez les énergies parasites.
- Soignez votre alimentation.
- Faites de l'exercice.
- Évitez de dire du mal de vous-même.
- Oubliez les formes négatives.
- Tous les jours, pensez à trois moments positifs de votre journée.
- Exposez-vous à la lumière du jour.
- Soignez votre sommeil.

Exercice de la douche de lumière

Il ne vous prendra pas plus de 2 à 5 minutes... et vous rechargera en énergies positives.

Debout, les yeux fermés, sentez la lumière qui descend sur votre tête, comme l'eau coule d'un pommeau de douche.

Elle éclaire votre visage et ruisselle le long de votre corps.

Vous la recevez dans les paumes de vos mains.

Prenez une douche avec cette lumière.

Passez vos mains rayonnantes sur votre corps, votre visage, vos bras, votre dos, et le long de vos jambes.

Cette douche entraîne les impuretés de vos corps subtils dans la terre, qui les absorbe et les recycle.

Visualisez maintenant la lumière qui entre en vous par le sommet de votre chakra couronne (voir p. 84) : elle pénètre toutes les cellules de votre corps.

Vous êtes la lumière.

Vous êtes à présent dans un halo lumineux protecteur.

RITUEL DE NETTOYAGE ÉNERGÉTIQUE

Ce soin de nettoyage énergétique en profondeur est une méditation qui se pratique en position debout. Vous pouvez l'accompagner d'une musique relaxante ou de sons de la nature. Veillez à la pratiquer dans un endroit calme où vous ne serez pas dérangé.

- Trouvez votre équilibre, en posture naturelle, les bras le long du corps et les pieds écartés dans l'alignement des épaules. Fermez les yeux et prenez 3 respirations profondes.
- Prenez conscience de votre corps, de la tête aux pieds. Respirez.
- Ressentez vos énergies, percevez vos charges émotionnelles négatives accumulées. Vous sentez leur flux circuler en vous.
- Visualisez un robinet dans le bas de votre dos, au niveau de vos reins. Ouvrez-le. Vos énergies usées s'écoulent hors de vous. Respirez.
- Laissez partir vos peurs et tout ce qui vous fait stagner. Respirez.
- Les yeux fermés, debout, sentez toutes ces énergies négatives retourner à la terre. L'eau noire tombe, traverse le sol, traverse les fondations du bâtiment où vous êtes, traverse la croûte terrestre.
- La terre absorbe le flot noir dans son ventre. Il s'abîme dans le magma. Un océan de feu fait disparaître toute trace de charge négative. Vous vous sentez libéré.
- Fermez le robinet.
- Revenez au monde.
- Effectuez 3 inspirations et expirations profondes.
- Remerciez l'Univers et la Terre.

4 • Les sept chakras

Les chakras sont des centres d'énergie vitale. Il existe un grand nombre de chakras, mais nous allons porter notre attention sur les sept chakras majeurs du corps, qui sont placés le long de la colonne vertébrale, au croisement des canaux énergétiques appelés « nadis » qui distribuent leurs énergies. Le premier est situé à la base de la colonne vertébrale et le dernier au sommet de la tête, à l'emplacement de la fontanelle. Ils sont représentés par de magnifiques lotus qui s'épanouissent.

En sanscrit, ***chakra*** signifie « roue ». Vous pouvez donc les imaginer comme des roues d'énergie qui tournoient en vous. Ils sont aussi comparés à des vortex. Chacun d'eux est le siège d'émotions liées à la santé et au bien-être, basées sur des croyances de la médecine ayurvédique.

L'énergie de chaque chakra est active à l'avant et à l'arrière du corps. Elle est aussi reliée au système endocrinien qui sécrète des hormones et à des organes. Chaque chakra est notamment associé à une émotion et une couleur, mais aussi à un son, une note de musique, des cristaux et des huiles essentielles. Chez l'être humain, les chakras se développent l'un après l'autre, tous les sept ans.

Leur fonction est d'absorber l'énergie extérieure afin d'alimenter l'aura et ses couches de corps subtils et de redistribuer cette énergie vers l'extérieur.

On constate qu'un chakra est en déséquilibre par l'état de son ouverture. On dit d'un chakra qu'il est trop fermé (inactif) ou trop ouvert (actif), ce qui peut entraîner une mauvaise circulation et un dysfonctionnement dans l'aura. Lorsqu'un chakra est trop ouvert, sa nature est amplifiée. A contrario, s'il est trop fermé, sa nature est peu présente, voire absente.

1er CHAKRA : RACINE, DU SANSCRIT *MULADHARA*

« Je suis. »

C'est le siège de la sécurité. Son rôle est de nous connecter à l'énergie de la Terre, de nous enraciner.

« Je suis en sécurité, enraciné dans la force.
La force est en moi.
Je suis connecté à la Terre,
je suis fort et je suis stable. »

- Le chakra *muladhara* est représenté par un lotus rouge formé de 4 pétales.
- Le chakra racine se situe à la base du coccyx, dans la zone du périnée, et remonte le long de la colonne vertébrale jusqu'aux trois premières vertèbres.
- Ce chakra se développe entre 1 et 7 ans.
- Sa couleur est le **rouge**.
- Le son qui lui est associé est la syllabe **« lam »**.
- Sa note de musique est le ***do***.
- Les cristaux associés à ce chakra sont le **grenat**, le jaspe rouge, l'hématite, le rubis, la tourmaline noire, la septaria, la shungite, le tigre de fer.
- Les huiles essentielles qui entrent en résonance avec le 1er chakra sont la **cannelle**, le patchouli, le benjoin, le cèdre, le cade, le baume du Pérou, le vétiver, le poivre noir.

Lorsque votre 1er chakra est équilibré : vous vous sentez stable et en paix avec les affaires liées à la sécurité, les finances. Vous vous sentez enraciné là où vous êtes au moment présent.

Lorsque votre 1er chakra est trop fermé, dit « trop inactif » : vous vous sentez comme déconnecté et vivez dans la passivité. Vous avez peur et vous laissez guider par les événements de la vie.

Lorsque votre 1er chakra est trop ouvert, dit « trop actif » : vous vous sentez en hyperactivité et préoccupé par les affaires matérielles, et vous pouvez avoir tendance à accorder de l'importance aux possessions matérielles afin de compenser.

2e CHAKRA : SACRÉ, DU SANSKRIT *SWADHISTHANA*

« Je sens. »

C'est le siège de l'énergie créatrice. Son rôle est de stimuler notre développement personnel et émotionnel.

« Je suis un être sacré, créatif, au potentiel illimité. »

- Le chakra sacré est représenté par un lotus orange à 6 pétales.
- Le chakra *swadhisthana* se situe dans le bas du ventre, 3 doigts en dessous du nombril.
- Ce chakra se développe entre 8 et 14 ans.
- Sa couleur est l'**orange**.
- Le son qui lui est associé est la syllabe **« vam »**.
- Sa note de musique est le ***ré***.
- Les cristaux qui correspondent à ce chakra sont la **cornaline**, l'aragonite, la pierre du soleil, l'œil-de-tigre, l'aventurine orange, l'œil de taureau, le cinabre, l'agate.
- Les huiles essentielles qui entrent en résonance avec le 2e chakra sont l'**ylang-ylang**, le jasmin, le néroli, le santal, le ciste, la mandarine, l'orange douce, la myrrhe, la vanille, la gaulthérie, le baume de Copahu, l'hélichryse.

Lorsque votre 2e chakra est équilibré : vous êtes en harmonie avec vous-même et vous savourez pleinement les plaisirs simples de la vie. Vous vous sentez joyeux, plein de vie et passionné.

Lorsque votre 2e chakra est trop fermé, dit « trop inactif » : vous vous sentez en dépendance et vous manquez de créativité et de motivation. Tout vous semble sans saveur et vous ne prenez pas de plaisir aux choses de la vie.

Lorsque votre 2e chakra est trop ouvert, dit « trop actif » : vous manquez de modération, vous pouvez vous sentir en dépendance, tomber dans les excès et abuser des plaisirs.

3e CHAKRA : SOLAIRE, DU SANSKRIT *MANIPURA*

« Je veux. »

C'est le siège de l'énergie vitale et de l'action. Son rôle est de nous donner de la volonté et de la force, afin de renforcer notre estime de nous-mêmes et notre pouvoir intérieur.

« Je suis un soleil. Je m'accepte, je suis confiant et je rayonne. »

- Le chakra solaire est représenté par un lotus jaune à 10 pétales orné d'un triangle inversé.
- Le chakra ***manipura*** se situe au niveau de l'abdomen, du nombril à la cage thoracique.
- Il se développe entre 15 et 21 ans.
- Sa couleur est le **jaune**.
- Le son qui lui est associé est la syllabe **« ram »**.
- Sa note de musique est le ***mi***.
- Les cristaux qui correspondent à ce chakra sont la **citrine**, la calcite jaune, la pyrite, l'ambre, le quartz fumé.
- Les huiles essentielles qui entrent en résonance avec le 3e chakra sont le **citron**, la bergamote, le petit grain bigarade, le pamplemousse, le lemongrass, la litsée, la citronnelle, la camomille romaine.

Lorsque votre 3e chakra est équilibré : vous avez confiance en vous et vous ressentez un sentiment de sagesse et de vérité. Vous êtes capable de réaliser vos souhaits.

Lorsque votre 3e chakra est trop fermé, dit « trop inactif » : vous pouvez manquer de confiance et de volonté, avoir un manque d'amour-propre ou faire preuve de dévalorisation.

Lorsque votre 3e chakra est trop ouvert, dit « trop actif » : vous pouvez faire preuve d'un excès d'autorité et de colère, manquer d'empathie et vouloir tout contrôler.

4e CHAKRA : CŒUR, DU SANSKRIT *ANAHATA*

« J'aime. »

C'est le siège de l'amour et de la compassion. Son rôle est de favoriser notre capacité à recevoir et donner de l'amour.

« Je suis tout amour. Lorsque je m'aime, je peux mieux aimer les autres, et l'amour vient à moi. »

- Le chakra cœur est représenté par un lotus à 12 feuilles orné d'une étoile à 6 branches.
- Le chakra *anahata* est situé au centre de la poitrine, et son énergie rayonne du sternum à la gorge.
- Ce chakra se développe entre 22 et 28 ans.
- Sa couleur est le **vert**.
- Le son qui lui est associé est la syllabe **« yam »**.
- Sa note de musique est le *fa*.
- Les cristaux qui correspondent à ce chakra sont la **malachite**, le jade vert, la préhnite, la tourmaline melon d'eau, le quartz rose, la rhodonite, la rhodochrosite, l'aventurine, l'émeraude, le rubis sur fuschite, la kunzite.
- Les huiles essentielles qui entrent en résonance avec le 4e chakra sont la **rose de Damas**, le géranium rosat, le jasmin, le cyprès, le genévrier, le niaouli, la cardamome.

Lorsque votre 4e chakra est équilibré : vous ressentez l'amour universel pour vous-même et pour les autres. Même dans les moments difficiles, vous pouvez toujours voir la compassion et la bonté chez autrui.

Lorsque votre 4e chakra est trop fermé, dit « trop inactif » : vous vous sentez seul, mis à part. Vous pouvez construire une carapace autour de vous, de votre cœur et de votre corps, et vous mettre en retrait.

Lorsque votre 4e chakra est trop ouvert, dit « trop actif » : vous pouvez avoir un comportement égoïste et faire passer votre propre intérêt ou profit avant celui des autres. Vous pouvez, en amour, ressentir de la possessivité ou de la jalousie.

5e CHAKRA : GORGE, DU SANSKRIT *VISHUDDHA*

« Je parle. »

C'est le siège de la communication. Son rôle est de nous permettre de nous exprimer avec clarté et vérité et sans aucune frustration afin de nous aider à trouver le chemin de notre vérité intérieure.

« Je suis clair comme le cristal. Je dis ma vérité. Je vis ma vérité. »

- Le chakra gorge est représenté par un lotus à 16 pétales orné d'un triangle orienté vers le bas.
- Le chakra *vishuddha* se situe au niveau du cou, entre le larynx et la langue, et son énergie rayonne du cœur jusqu'aux yeux.
- Ce chakra se développe entre 29 et 35 ans.
- Sa couleur est le bleu **turquoise**.
- Le son qui lui est associé est la syllabe **« ham »**.
- Sa note de musique est le ***sol***.
- Les cristaux qui correspondent à ce chakra sont la **chrysocolle**, la cyanite, la calcite bleue, l'agate bleue, l'aigue-marine, l'amazonite.
- Les huiles essentielles qui entrent en résonance avec le 5e chakra sont l'**eucalyptus globulus**, le laurier noble, le tea tree (arbre à thé), le ravintsara, le pin, le camphre, la sauge sclarée.

Lorsque votre 5e chakra est équilibré : vous êtes capable de parler avec clarté, sans frustration, avec amour, gentillesse et vérité. Vous savez exactement quels mots sont appropriés pour chaque situation. Parler avec un chakra de la gorge équilibré éclairera et inspirera ceux qui vous entourent.

Lorsque votre 5e chakra est trop fermé, dit « trop inactif » : vous avez du mal à vous faire entendre et à dire la vérité, vous vous sentez timide, introverti, vous avez du mal à vous exprimer.

Lorsque votre 5e chakra est trop ouvert, dit « trop actif » : vous parlez trop fort, vous pouvez vite vous impatienter, avoir un sentiment de frustration et vous voulez toujours avoir raison.

6e CHAKRA : TROISIÈME ŒIL, DU SANSKRIT *AJNA*

« Je vois. »

C'est le siège de la conscience, de l'intuition et de la communion avec le divin. Son rôle est de nous connecter à notre intuition et d'ouvrir les portes de notre perception extrasensorielle.

« Je suis connecté. Je m'ouvre à l'inconnu. Je suis mon intuition avec confiance. »

- Le chakra du troisième œil est représenté par un lotus à 2 pétales.
- Le chakra *ajna* se situe au milieu du front, entre les deux yeux, et son énergie rayonne de la bouche au sommet de la tête.
- Ce chakra se développe entre 36 et 42 ans.
- Sa couleur est le **bleu indigo**.
- Le son qui lui est associé est la syllabe **« om »**.
- Sa note de musique est le ***la***.
- Les cristaux qui correspondent à ce chakra sont le **lapis-lazuli**, la fluorite, le cristal de roche, le diamant d'Herkimer, la labradorite, l'apatite bleue.
- Les huiles essentielles qui entrent en résonance avec le 6e chakra sont la **menthe poivrée**, le cajeput, le romarin à cinéole, la lavande, le myrte vert, le basilic sacré, l'immortelle.

Lorsque votre 6e chakra est équilibré : vous vous sentez en harmonie avec le monde matériel et le monde spirituel, vous laissez parler votre intuition et vous vous laissez guider sur le chemin de la sagesse et de la connaissance.

Lorsque votre 6e chakra est trop fermé, dit « trop inactif » : vous êtes trop à l'écoute de votre réalité physique, vous réprimez votre intuition et vous coupez les possibilités de vision de votre troisième œil.

Lorsque votre 6e chakra est trop ouvert, dit « trop actif » : vous n'avez plus de notion de la réalité et vivez dans l'illusion et l'irrationalité. Vous passez votre vie dans les étoiles et les arts mystiques.

7e CHAKRA : COURONNE, DU SANSKRIT *SAHASRARA*

« Je sais. »

C'est le siège de l'énergie pure et de la conscience cosmique. Son rôle est de nous connecter à l'énergie divine, à l'Univers entier.

**« Je suis un être de lumière.
Ma conscience est libre,
je suis connecté à la sagesse universelle,
je reçois la lumière pure. »**

- Le chakra couronne est représenté par un lotus aux 1 000 pétales.
- Le chakra *sahasrara* se situe au sommet de la tête, au niveau de la fontanelle, et son énergie rayonne entre les yeux vers l'infini.
- Ce chakra se développe entre 43 et 49 ans.
- Sa couleur est le **violet**.
- Le son qui lui est associé est la syllabe **« aum »**.
- Sa note de musique est le ***si***.
- Les cristaux qui correspondent à ce chakra sont l'**améthyste**, la sélénite, l'opale, le diamant, l'obsidienne œil céleste.
- Les huiles essentielles qui entrent en résonance avec le 7e chakra sont l'**encens Oliban**, le bois de rose, le palo santo.

Lorsque votre 7e chakra est équilibré : vous êtes dans un état d'unité et votre conscience est élargie, vous vous sentez libre et en accord avec votre existence. Atteindre un chakra couronne équilibré est le but de toute quête spirituelle.

Lorsque votre 7e chakra est trop fermé, dit « trop inactif » : vous pouvez être soumis à des règles ou à des croyances limitantes, ressentir la peur du jugement des autres et vivre dans un questionnement existentiel permanent.

Lorsque votre 7e chakra est trop ouvert, dit « trop actif » : vous pouvez trop intellectualiser, vous déconnecter de la terre et devenir alors hypersensible à tout ce qui vous entoure.

Tableau des relations des sept chakras

1er CHAKRA
Racine, *muladhara*
Couleur : rouge
Son : « lam »
Note : *do*
Cristal : grenat
Huile essentielle : cannelle
Glandes : les gonades

2e CHAKRA
Sacré, *swadhisthana*
Couleur : orange
Son : « vam »
Note : *ré*
Cristal : cornaline
Huile essentielle : ylang-ylang
Glandes : surrénales

3e CHAKRA
Solaire, *manipura*
Couleur : jaune
Son : « ram »
Note : *mi*
Cristal : citrine
Huile essentielle : citron
Glande : pancréas

4e CHAKRA
Cœur, *anahata*
Couleur : vert
Son : « yam »
Note : *fa*
Cristal : malachite
Huile essentielle : rose de Damas
Glande : thymus

5e CHAKRA
Gorge, *vishuddha*
Couleur : bleu turquoise
Son : « ham »
Note : *sol*
Cristal : chrysocolle
Huile essentielle : eucalyptus globulus
Glande : thyroïde

6e CHAKRA
Troisième œil, *ajna*
Couleur : bleu indigo
Son : « om »
Note : *la*
Cristal : lapis-lazuli
Huile essentielle : menthe poivrée
Glande : hypophyse / pinéale

7e CHAKRA
Couronne, *sahasrara*
Couleur : violet
Son : « aum »
Note : *si*
Cristal : améthyste
Huile essentielle : encens Oliban
Glande : pinéale

SYNERGIES ENTRE CORPS SUBTILS ET CHAKRAS

Nos corps énergétiques interagissent avec nos méridiens et nos chakras, ainsi qu'avec les énergies terrestres subtiles et leurs méridiens : ils répondent à ce qu'il y a en nous et autour de nous.

1. Le corps physique est la matérialisation de l'énergie des 7 premiers chakras.

2. Le corps éthérique est en relation avec la protection des chakras racine et sacré (rouge et orange).

3. Le corps astral est en relation avec le rayonnement du chakra du plexus solaire (jaune).

4. Le corps mental est en relation avec la conscience des chakras cœur et gorge (vert et bleu turquoise).

5. Le corps causal est en relation avec la mémoire du chakra du troisième œil (bleu indigo).

6. Le corps spirituel est en relation avec le chakra couronne (violet).

7. Le corps divin est relié au tout, à l'Univers.

HARMONISATION DES CHAKRAS
PAR LES COULEURS

Cet exercice va vous permettre d'aligner l'énergie de vos chakras.

- Installez-vous dans un endroit calme et assurez-vous de ne pas être dérangé. Choisir la position assise en tailleur permet de visualiser chacun des chakras et de maintenir en même temps l'attention nécessaire à l'accomplissement de leur harmonisation. Ce moment peut également se vivre en pleine nature, adossé à un arbre.
- Trouvez votre point d'équilibre. Observez votre corps. Inspirez, expirez. Accompagnez votre respiration naturellement. Vos bras se détendent. Vos épaules, votre nuque se libèrent de toute tension.
- Observez vos pensées. Laissez-les glisser.
- Écoutez vos émotions. Laissez-les partir.
- Vous êtes totalement détendu, calme, en paix. Inspirez, expirez.
- Portez votre attention sur la base de votre colonne vertébrale, le chakra racine. Visualisez un lotus de couleur rouge. Voyez ses pétales s'ouvrir. La fleur éclaire votre chakra d'une lumière brillante. Restez quelques instants dans son énergie sécurisante. Dites « lam ». Inspirez, expirez.
- Maintenant vous voyez un bouton près d'éclore, de couleur orange, trois doigts en dessous du nombril. Vous l'observez grandir. Il devient un magnifique lotus. Vous acceptez son énergie vitale. Dites « vam ». Inspirez, expirez.
- Votre plexus solaire s'illumine avec la naissance d'une fleur de lotus jaune. Sa lumière irradie la joie et vous transporte. Prononcez le son « ram ». Inspirez, expirez.
- Les battements de votre cœur libèrent un lotus. La fleur s'épanouit dans votre poitrine et vibre d'une couleur verte intense et brillante. Vous recevez son pouvoir d'amour et de guérison. Dites « yam » avec votre cœur. Inspirez, expirez.
- Au niveau de votre gorge, un lotus bleu turquoise ouvre sa corolle. Vous entendez ses pétales se déployer dans un bruissement léger et doux. Écoutez son énergie inspirante. Exprimez le son « ham ». Inspirez, expirez.
- Vous sentez sur votre front, entre vos yeux, un mouvement circulaire. La fleur de lotus qui apparaît est d'un magnifique bleu indigo. Observez ses pétales lumineux, ils vous enseignent le discernement. Accompagnez-vous du son « om ». Inspirez, expirez.

- Sur le sommet de votre tête, à l'emplacement de votre fontanelle, voyez le dernier lotus vous offrir sa lumière violette. Il vous met en connexion avec les énergies cosmiques et vous enseigne sagesse et authenticité. Prononcez « aum ». Inspirez, expirez.
- À présent, regardez vos chakras éclairés chacun de leur vibrante couleur, voyez comme leurs pétales ouverts prennent toute leur place.
- Refaites le chemin dans l'autre sens : violet, bleu indigo, bleu turquoise, vert, jaune, orange, rouge. Inspirez, expirez. Vivez vos énergies.
- Revenez au monde doucement.

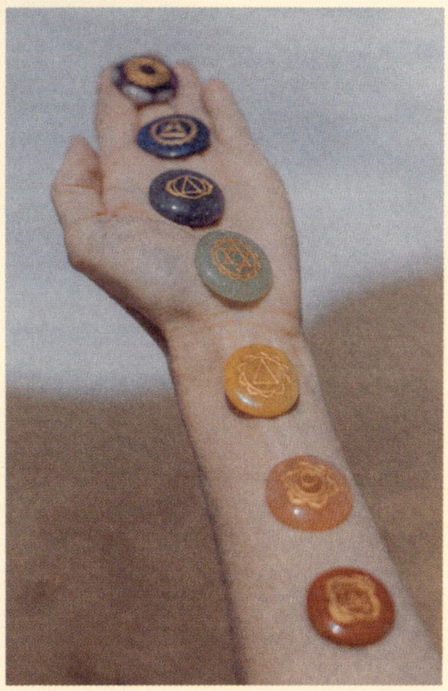

RITUEL DU
CHANT DES CHAKRAS

C'est le rituel que je pratique le plus : je prends beaucoup de plaisir à chanter et à faire résonner en moi les sons de mes chakras. C'est facile, rapide, et surtout cela a un effet de bien-être immédiat. Chanter m'aide à me libérer de beaucoup de tensions, à me connecter à mes sensations et à nettoyer les énergies bloquées.

C'est mon moment magique de bonheur. Pour réaliser cette pratique, nul besoin d'être un chanteur professionnel, il faut simplement chanter avec son cœur et se faire du bien. Si vous sentez un déséquilibre dans un de vos chakras, c'est qu'il peut être trop ouvert ou trop fermé, vous pourrez alors chanter votre chakra grâce aux bija mantras pour l'harmoniser. Les bija mantras sont les sons des syllabes de chacun de vos chakras. Bija, en sanscrit, signifie « graine » : c'est comme une semence qui germe en vous lorsque vous faites vibrer l'énergie de vos chakras en les chantant.

- « Lam » pour *muladhara*, chakra racine
- « Vam » pour *svadisthana,* chakra sacré
- « Ram » pour *manipura*, chakra du plexus solaire
- « Yam » pour *anahata*, chakra du cœur
- « Ham » pour *vishuddha,* chakra gorge
- « Om » pour *ajna*, chakra du troisième œil
- « Aum » pour *sahasrara*, chakra de la couronne

Par exemple, si vous sentez que vous avez un problème de colère mal contrôlée qui vous ronge de l'intérieur, votre chakra solaire est sans doute trop ouvert, il vous faudra travailler avec le son « ram ». Prenez le temps de l'équilibrer en le chantant en suivant le rituel simple qui suit.

- Choisissez une ou plusieurs pierres qui correspondent au chakra concerné. Dans l'exemple du chakra solaire, la magnifique citrine ou la pyrite.
- Prenez l'huile essentielle qui vous aidera émotionnellement, ici ce sera le citron, la bergamote ou le petit grain bigarade. Mettez-la dans un diffuseur.
- Ouvrez la séance avec un son. Ce peut être le tintement d'une clochette, un carillon, un bol de cristal ou tibétain. Faites-le résonner trois fois.

- Installez-vous confortablement. Prenez la pierre. Si vous êtes allongé, posez-la sur le chakra. Si vous êtes assis en tailleur, les avant-bras posés sur les genoux, tenez-la dans la paume de la main gauche ouverte soutenue par la main droite.
- Respirez naturellement, calmement. Visualisez votre chakra dans la couleur qui lui correspond. Ici un beau jaune lumineux.
- Chantez le son du chakra, en l'occurrence « ram ». Faites sonner, vibrer le bija mantra 8 fois. N'oubliez pas de respirer.
- Ressentez les vibrations à l'intérieur de votre bouche, sur votre palais et dans tout votre corps. Sentez le son entrer en résonance avec votre chakra.
- Vivez l'effet apaisant de la répétition. Restez quelque temps dans cette vibration.
- Revenez au monde.
- Fermez la séance avec le même son qu'à l'ouverture. Faites-le résonner une fois.

3

L'ESPACE SACRÉ

Afin d'accueillir toutes les énergies qui nous font vibrer, il faut apprendre à se relier au sacré en nous et autour de nous. Car faire de son lieu de vie et de soi-même un temple dédié à la célébration de l'amour et de la joie nous permet d'accéder en pleine conscience à un état d'unité.

Lorsque vous créez un espace harmonieux autour de vous et en vous, cet espace devient alors un réservoir infini de beauté. Vous pourrez ainsi chaque jour puiser dans l'immense inspiration que vous procurent les pratiques holistiques, et noter l'impact qu'elles ont sur votre apparence physique et votre rayonnement.

N'oublions pas que ce qui nous rend beaux, ce sont les vibrations les plus élevées telles que la joie et l'amour. Sacraliser les gestes du quotidien, leur donner du sens sont autant d'actions qui nous rendent heureux, donc rayonnants. Installer un rituel est un acte qui nous relie au tout, c'est un acte de magie. Alors faites vibrer tous vos sens afin d'accéder au sacré qui est en vous.

J'apprécie particulièrement la manière dont le philosophe et artiste Alexandro Jodorowsky résume cela dans son livre ***Manuel de psychomagie*** : « À l'intérieur de toi tu as l'espace, le territoire que tu aimes. Il y a un territoire qui est à toi. Il peut être au pied de la montagne, dans la campagne, près de l'océan ; il peut être de terre fertile, de sable, ce que tu veux. Laisse venir à toi ton terrain, imagine l'endroit idéal pour toi. »

« La plupart des souffrances des gens proviennent d'un manque de beauté. »

ALEXANDRO JODOROWSKY

Le sacré au cœur de nos vies

PAR LILI BARBERY-COULON

« Réalisez profondément que le moment présent est tout ce que vous avez. »

ECKHART TOLLE

Où doit-on se rendre pour trouver le sacré ? Est-il seulement concentré dans les lieux dédiés à la prière ? Dans les objets qui servent à communiquer avec le divin depuis la nuit des temps ? Comment faire lorsqu'on n'a jamais appris à prier, à méditer ou même à s'asseoir pour observer en silence ? J'ai longtemps cru que le « sacré » était un mot précieux auquel je n'avais pas accès. Je me souviens d'une amie journaliste qui avait écrit un texte magnifique sur les parfums d'encens, relatant l'histoire olfactive du sacré, des origines à nos jours. Ces senteurs m'inspiraient, mais elles venaient souligner combien je me sentais séparée du sacré dans mon quotidien.

Issus de cultures religieuses différentes, mes parents ont fait le choix de ne rien transmettre à leurs enfants. Pas de folklore ni de prière récitée avant l'heure du coucher. Pas de croix sur les murs ni de chandelier à sept branches posé sur le buffet. Pas de rendez-vous hebdomadaire dans un lieu de culte. Pas de catéchisme ni de baptême. Pas de vêtements du dimanche ni de communion à préparer. L'athéisme était une fierté. Un projet politique et social. Une promesse de liberté absolue, comme si tous ceux qui croyaient en l'invisible étaient aliénés.

Lorsque nous allions chez nos grands-mères croyantes au moment des fêtes annuelles, j'étais fascinée par les objets posés sur la table, le chant des prières, les messes de Pâques et celles de l'Assomption, la pomme trempée dans le miel pour le Nouvel An juif et l'œuf qui tourne au-dessus de la tête pour Pessa'h. Tout cela me semblait pourtant interdit et contraire aux valeurs qui m'étaient transmises à la maison. Des milliers de questions restaient en suspens dans ma tête d'enfant. Je ne les formulais pas. Elles étaient là, bien présentes, interrogeant l'existence d'un mystère que je sentais en moi sans pouvoir en tracer les contours. Adolescente, je me suis intéressée aux deux traditions religieuses dont j'étais issue. Je traînais dans les églises et les cathédrales, j'apprenais en secret les « Ave Maria » et les « Au nom du Père ».

Malgré tous mes efforts, je ne trouvais pas ce que je cherchais. La psychanalyse est alors devenue mon église, et l'exploration de mon inconscient, mon calice. C'est bien plus tard que le sacré a fait irruption dans mon quotidien. J'avais rendez-vous avec le créateur de parfums Serge Lutens dans le salon situé au-dessus de sa boutique éponyme dans les jardins du Palais-Royal. Les cheveux parfaitement lissés en arrière, il présentait ses derniers effluves à quelques journalistes dont je faisais partie. Il n'était pas question ce jour-là de myrrhe ou d'encens, mais d'un chêne centenaire et majestueux. La vibration du sillage était si puissante qu'elle semblait redresser ma colonne vertébrale. Une émotion incompréhensible m'envahissait. J'avais envie de m'agenouiller devant l'odeur comme si elle était plus grande que moi.

Dans certains restaurants japonais, je retrouvais parfois une sensation identique devant un légume biseauté ou la nacre d'un riz précieux. La réconciliation avec le sacré se tissait désormais à travers une culture qui m'était étrangère. En voyage à Kyoto au printemps, je me surprenais à pleurer au milieu des fumigations en regardant les vœux accrochés et les pruniers en fleurs. J'observais le soin des jardiniers, en chaussettes sur la mousse, retirant chaque feuille morte comme s'il s'agissait d'un trésor. Il y avait aussi les artisans des jardins de pierre, qui ratissaient le sol pour former des gouttes d'eau et des ondes à la surface des minuscules cailloux. Et puis, je découvrais la cérémonie du thé et le pliage du papier bible sous les petits biscuits en pâte de haricot rouge. Toujours cette impression de cœur qui explose au centre de la poitrine sans que mon mental ne comprenne pourquoi.

À Paris, dans un lieu secret baptisé Pavillon Miwa, j'étais initiée au rituel de l'Origata, un art shintoïste qui consiste à célébrer l'emballage des cadeaux dans des papiers rares suivant un pliage précis dont chaque angle distille un message. Dans la stupeur qu'avaient provoquée les attentats de 2015 sur moi, je trouvais refuge dans la beauté des choses simples : la découpe minutieuse d'un fruit à l'heure du petit-déjeuner, la sélection d'un papier à lettres pour envoyer un remerciement manuscrit, le choix d'un ornement accroché au lobe de mon oreille. Le sacré était partout et il n'avait nul besoin d'église ni de rituel dédié pour se manifester.

Je connaissais déjà la méditation, mais je n'étais pas assidue. Il a fallu que je franchisse, forcée par une amie, la porte d'un cours de kundalini yoga pour enfin comprendre. Dès les premières secondes, j'ai perçu un bouleversement au centre de la poitrine, comme si elle s'(e) (r)éveillait d'un long coma. Chaque cours agissait comme une immersion dans une connaissance d'un soi élargie. Bien plus vaste que ce que je savais de ma personnalité. Le rythme soutenu de la pratique et de multiples expériences de retraite m'ont donné envie de me former à l'enseignement de ce yoga et à la guérison énergétique. Plus je progressais dans mes explorations, plus je comprenais que le sacré ne dépendait d'aucun objet ni d'aucun rituel. Je ne me sentais plus en état de séparation, dans l'attente que l'invisible devienne visible et que les mystères soient enfin résolus.

Le sacré n'est pas extérieur aux humains. C'est le génie qui s'exprime à l'intérieur d'une cellule du corps physique tout comme dans la géométrie parfaite d'un chou romanesco ou d'une corolle de fleur. Le sacré est ce qui donne envie de s'incliner. Il n'y a rien à faire pour le trouver. Pas d'Himalaya à sillonner ni d'exploit héroïque à relever. Le sacré s'invite dès lors que nous sommes pleinement présents à nous-mêmes. Pleinement conscients que nous sommes plus que ce que nous croyons, que nous ne sommes pas des êtres isolés mais totalement reliés à tout ce qui est. Lorsqu'on l'oublie, lorsqu'on se sépare de notre essence, lorsqu'on se met à chercher à l'extérieur ce qui est déjà en nous, alors on peut utiliser des billets d'accès éphémères, des actions non nécessaires, des objets transitionnels, des rituels anciens ou récents. Il suffit souvent de gestes simples pour faire jaillir la beauté lorsqu'on ne la voit plus. Une promenade dans des espaces sauvages, un petit bouquet de fleurs séchées sur une table, un hydrolat de rose sur des fruits frais. Plus on vibre le sacré, plus il devient visible autour de nous. Plus on honore le mystère, plus il est généreux.

Lili Barbery-Coulon est professeure de kundalini yoga et de méditation.

1 • Créer son altar

Lorsque nous nous permettons d'ouvrir les portes du spirituel et d'envisager un lien direct entre ce dernier et notre beauté, nous découvrons avec merveille qu'elle se trouve en chacun de nous. Créer un espace dédié à des pratiques holistiques nous permet de faire émerger notre lumière intérieure.

Le terme « altar » est emprunté au latin et signifie « autel ». Traditionnellement, l'autel est une table sur laquelle on pose des offrandes, voire des sacrifices, pour honorer des forces supérieures, leur demander d'accorder leur protection et d'accompagner avec bienveillance la condition humaine.

Aménager un autel personnel est le moyen de retrouver le sacré et de le mettre au cœur même de notre vie. Créer un autel chez soi, c'est organiser un espace afin de se mettre en relation avec le monde spirituel. Sa présence crée les conditions nécessaires pour se connecter au divin.

La matérialisation de cet espace permet d'entrer dans les rituels de plain-pied. Il facilite la pratique de la méditation et donne de la force à nos prières et intentions. Le paradigme du temps change : nous quittons le profane pour entrer dans le sacré. Nous ne fonctionnons plus en linéarité spatiale. Il n'y a plus de passé, présent et futur, il y a l'ici et maintenant. L'Univers se plie et nous offre des possibilités infinies.

COMMENT ORGANISER SON ALTAR ?

Puisque tout est vibration, il est important de choisir un endroit paisible qui vous inspire et où vous pourrez vous sentir en sécurité pour vous concentrer lors de vos rituels. Veillez à ce que cet espace puisse être aéré correctement lorsque vous brûlerez des encens et des bougies.

Plusieurs éléments sont nécessaires à la mise en place d'un altar :

- Choisissez une table, une console ou un meuble que vous réserverez uniquement à vos pratiques afin d'y déposer vos objets magiques nécessaires aux rituels. Vous devrez nettoyer énergétiquement ce meuble au préalable, avant de vous en servir, à l'aide d'encens sacrés, en le passant tout simplement dans la fumée. Vous pourrez ensuite, si vous le désirez, le recouvrir d'un beau drap ou tissu.
- Rassemblez les objets qui ont une signification spirituelle pour vous et trouvez un élément central qui vous apaise, à partir duquel vous construirez votre altar. Vous pouvez choisir un objet ou une représentation quels qu'ils soient : image ou statue d'une divinité, d'un ange, d'un guide, d'un animal totem ou bien même d'un être cher. Vous pourrez choisir aussi en inspiration un sentiment, par exemple paix, amour, compassion, etc. et mettre à l'honneur un symbole qui le représente.
- Posez une boussole, afin de repérer les 4 directions (nord, est, sud, ouest), elle peut vous aider à vous placer lors des rituels de passage des saisons.
- Placez des objets qui représentent les éléments air, terre, eau, feu. Les représentations des éléments peuvent être nombreuses, à vous de laisser place à votre créativité. L'air peut être une plume ; la terre peut être symbolisée par du sable, une feuille, une pierre ou de la terre ; l'eau par un verre d'eau ou un récipient avec de l'eau de rivière, de mer ou de pluie ; le feu par une bougie ou la fumée d'un encens qui brûle. Les éléments sont importants afin d'accompagner vos demandes, ils sont le lien avec le subtil et vous aident à convoquer les forces de la nature et de l'Univers.

- Choisissez et préparez une bougie avec soin en fonction de votre rituel. La flamme de la bougie est purificatrice, elle fait le lien entre le monde terrestre et le monde de l'au-delà. La bougie représente aussi l'énergie angélique. Lorsqu'on l'allume, elle permet d'ouvrir l'espace et le temps et de rester dans l'énergie du rituel.
- Proposez une fleur fraîche ou une plante, pour une offrande. Elle représente la beauté de ce monde.

Lorsque vous avez rassemblé tous ces éléments, vous pouvez choisir de rester dans la sobriété ou bien de décorer plus richement votre altar grâce à toutes sortes d'ornements. Il peut s'agir d'éléments figurant les saisons afin de faire honneur aux cycles de la nature, d'écrits, d'objets personnels et de cristaux pour élever les vibrations de vos intentions et des couleurs. Au gré du temps et de vos envies et rituels, vous pourrez transformer ou faire évoluer votre espace sacré.

Pour que le sacré ne nous quitte ni en voyage ni ailleurs

Je me souviens d'un temps où je me déplaçais beaucoup. Je ne pouvais pas partir sans mes objets magiques : leur seule présence me permettait de m'ancrer dans le moment présent et me sentir chez moi partout où j'étais.

J'aime l'idée de transporter avec soi un mini altar lors de ses voyages et promenades dans la nature. Vous pouvez constituer une petite boîte avec une sélection de vos outils magiques.

LES BOUGIES

Les bougies sont un des éléments les plus importants dans la constitution de votre altar. Leur usage est ancestral et nécessaire à toute prière, offrande et formulation d'intentions. Toutes les cultures utilisent des bougies pour leurs fêtes et cérémonies, ce sont des traditions universelles ancrées dans les mœurs.

Les bougies ont une forte symbolique spirituelle, leur flamme représente le feu purificateur, mais aussi le lien entre le monde physique et le monde astral. Elles nous relient ainsi au monde subtil, nous éclairent et nous élèvent vers le divin. Chaque couleur a son importance et sa propre signature énergétique. Chacune d'elles transporte les vibrations : il est bon alors de les choisir avec attention.

Voici la signification de chaque bougie de couleur et leurs pouvoirs :

BLANC : PURETÉ, VÉRITÉ, SACRÉ, CONSÉCRATION

Les bougies blanches sont symbole de pureté et de vérité, elles favorisent la paix et la sérénité. Elles sont utilisées à des fins spirituelles telles que la purification, les nettoyages énergétiques, la protection, les bénédictions et les consécrations. On y a aussi recours en clairvoyance et pour invoquer les anges et nos guides. Les bougies blanches invitent également à la méditation et à l'unité. Elles peuvent permettre de formuler des demandes de guérison, qu'elle soit physique ou émotionnelle. Les bougies blanches élèvent les vibrations positives et repoussent les énergies négatives. Ce sont les seules bougies à avoir une utilisation universelle.

Les pierres qui s'accordent avec leurs vibrations sont les pierres blanches, le cristal de roche, la pierre de lune, le diamant et les cristaux aux tons clairs.

Le blanc est connecté à l'énergie de la Lune : ces bougies sont donc parfaites pour vos cérémonies dédiées à la Lune.

BLEU : SAGESSE, PAIX INTÉRIEURE ET BIEN-ÊTRE

Les bougies bleues sont symbole de sagesse et de paix intérieure, elles favorisent le bien-être ainsi que l'intuition. Elles sont utilisées pour des rituels liés à l'émotionnel, à la connexion spirituelle et à la dévotion. On y a aussi recours afin d'apporter un sentiment de sécurité, de réconfort et de confiance. Le bleu est une couleur qui calme et apaise les émotions, il pacifie les sentiments de colère et apporte harmonie dans le foyer. Les bougies bleues sont aussi appréciées afin de favoriser les rêves lucides lors de notre sommeil (voir p. 170) et de nous connecter en douceur à la magie de notre perception onirique.

Les pierres à utiliser afin de valoriser ces énergies sont la sodalite, le lapis-lazuli, l'agate bleue, la calcite bleue, l'apatite bleue.

Le bleu est connecté à l'énergie de la paix et de la liberté : ces bougies sont donc parfaites lors de rituels d'expansion spirituelle, et pour favoriser l'ordre et la justice.

JAUNE : CONFIANCE, VOLONTÉ, OPTIMISME

Les bougies jaunes sont symbole de confiance et de volonté, elles favorisent l'optimisme ainsi que le charisme. Elles sont utilisées afin d'attirer le succès en affaires, les opportunités et de contribuer à la valorisation personnelle et matérielle. Elles sont aussi employées afin de passer à l'action. Le jaune est la couleur du rayonnement solaire, qui nous équilibre, nous réchauffe et fait vibrer notre être de tout son potentiel.

Les pierres qui s'harmonisent avec cette énergie sont la citrine, la calcite jaune, le quartz fumé, l'aventurine jaune et les gemmes de saphir, topaze et beryl jaunes.

La couleur jaune amplifie les énergies et valorise vos intentions.

Bougie d'intention

MA RENCONTRE AVEC LES BOUGIES D'INTENTIONS

Lors de mes longues balades new-yorkaises, j'ai découvert, caché dans une petite rue d'East Village, un lieu intrigant tenu par de merveilleuses sorcières. Lorsque vous passez la porte de cet endroit, c'est comme si vous entriez dans une grotte enchantée. J'ai tout de suite été fascinée par leur savoir et par leur magie bienveillante.

Dans cet atelier boutique, toutes sortes de bougies d'intentions sont façonnées à la main, après un entretien et une analyse minutieuse de vos attentes et de vos besoins par l'une des expertes magiciennes. On choisit alors la couleur propice à votre vœu, puis elle est gravée de vos initiales, de symboles qui vous sont propres et de votre signe astrologique. De l'huile y est appliquée en plus pour sceller les intentions, puis des paillettes pour la rendre unique.

Je suis repartie chez moi comme une enfant, le cœur débordant d'espoir avec ma précieuse bougie à la main. Je l'ai religieusement allumée et suivi les conseils : ma foi et ma concentration étaient si fortes que tous mes souhaits se sont réalisés. L'enchantement s'est opéré immédiatement et j'ai tout de suite voulu apprendre tous les codes de ces bougies intentionnées. Jusqu'alors, je n'utilisais que la bougie blanche ou, si elle était colorée, je n'en connaissais pas la signification et je n'avais pas conscience du pouvoir de sa couleur.

Depuis, je fabrique mes propres bougies et dans certains cas celles de mes clients pour des commandes spéciales ou lors de désir de développement personnel.

Voici les recommandations d'utilisation que ces sœurs-cières m'ont données avant d'allumer une bougie d'intention : « Quels que soient vos désirs, vous pouvez réaliser un rituel ou une méditation aidés de votre bougie intentionnée. Avant de commencer votre rituel, il est préférable de prendre un bain de purification avec du gros sel afin de nettoyer vos énergies. Prenez un moment de calme pour faire le point sur vos intentions, placez-vous en état de paix, vous pouvez alors écrire une lettre, parler à vous-même ou bien dire à voix haute vos invocations. Pratiquer la magie, c'est essentiellement pratiquer l'union de la foi (votre croyance) et de votre action et concentration. Lorsque vous vous sentez aligné et ancré dans votre demande, allumez alors votre bougie et faites un vœu. Si vous éteignez et rallumez la bougie plusieurs fois, n'oubliez pas de reformuler votre intention à chaque fois que vous la rallumez. Si vous laissez la bougie se consumer jusqu'à la fin, ne la laissez pas sans surveillance et placez-la dans un endroit sécurisé de tout danger.

Bonne chance et tous nos vœux pour votre bougie d'intention. »

ORANGE : ÉNERGIE, PROSPÉRITÉ, JOIE, CHANCE

Les bougies orange sont symbole de joie, de chance et favorisent la prospérité. Elles sont utilisées afin d'attirer la réussite, la bonne fortune ainsi que des ondes positives. Utiliser des bougies orange apporte motivation et aide à atteindre ses objectifs.

Les pierres qui amplifient cette énergie sont la cornaline, l'ambre, l'aragonite, ainsi que la calcite orange.

L'orange est la couleur du positivisme : choisir de l'orange apporte bonheur, enthousiasme et abondance à vos rituels.

ROUGE : AMOUR, SEXUALITÉ, PASSION, VITALITÉ, PUISSANCE

Les bougies rouges sont symbole de vitalité, d'énergie et favorisent la passion. Elles sont employées pour attirer l'amour ardent, le plaisir, la volonté, la force physique et sexuelle. Les bougies rouges sont généralement brûlées pour amplifier ou attirer une situation fortement désirée. Le rouge réveille l'envie ou le désir qui peut sommeiller en nous : on s'en sert pour des actions rapides, efficaces et passer à l'acte.

Les pierres qui s'accordent avec l'énergie de cette couleur sont l'agate, le jaspe rouge, le grenat, le rubis et l'œil-de-tigre rouge.

Le rouge est une couleur de détermination et de pouvoir qui stimule la confiance en soi.

VIOLET : CRÉATIVITÉ, SPIRITUALITÉ, CONNEXION

Les bougies violettes sont symbole de spiritualité et de créativité, elles favorisent la connexion au mystique et au divin. Elles sont utilisées pour contacter les énergies supérieures et faire appel à nos guides. Elles sont employées lors de désirs d'introspection et pour se libérer de certaines pensées limitatives afin de laisser la créativité s'exprimer.

Les pierres qui s'harmonisent avec l'énergie du violet sont l'améthyste et le cristal de roche.

Le violet est la couleur du détachement : ces bougies renforcent la foi.

ROSE : COMPASSION, AMOUR, DÉVOUEMENT

Les bougies roses sont symbole d'amour inconditionnel, de compassion et de romantisme. Elles sont utilisées lors de rituels reliés aux romances, aux relations affectives, à la guérison du cœur et au pardon. Elles encouragent l'acceptation et l'amour de soi.

Les pierres qui vibrent dans cette énergie sont le quartz rose, la tourmaline rose (ou melon d'eau), la rhodonite, la rhodochrosite, le saphir rose et la kunzite.

Le rose exprime la tendresse, l'harmonie et les sentiments purs.

VERT : PROSPÉRITÉ, RENOUVEAU ET CHANCE

Les bougies vertes sont symbole de prospérité et de renouveau, elles favorisent la croissance et l'abondance. Elles sont utilisées pour des rituels liés à la réussite, à la guérison, aux affaires sentimentales ainsi qu'à la chance. Elles sont aussi employées pour se connecter à la terre. Les bougies vertes invitent également à se relier à l'énergie du cœur et inspirent la fidélité et l'équilibre. Elles peuvent être utilisées pour attirer ou consolider l'amour et les sentiments amoureux.

Les pierres qui s'accordent le mieux avec ces vibrations sont l'aventurine verte, le jade, la tourmaline verte et la malachite.

Couleur de la chance, le vert évoque la puissance de la nature, sa végétation luxuriante et fortifiante : ces bougies sont propices pour la santé et pour se régénérer.

NOIR : PROTECTION, FORCE ET POUVOIR

Les bougies noires sont symbole de protection, de force et de pouvoir. Elles sont utilisées pour des rituels d'aide, de libération et de transformation, elles favorisent la neutralisation des énergies négatives, combattent les mauvaises habitudes et permettent de débloquer les situations qui nous empêcheraient d'avancer.

Les pierres qui correspondent à ces vibrations sont la tourmaline noire, l'obsidienne noire, l'onyx, le jais et la shungite.

Le noir favorise la force intérieure : son énergie puissante et libératrice nous détache des emprises psychiques ou physiques.

On ne souffle jamais sur une bougie !

Lorsque vous avez fini votre rituel, n'oubliez pas d'éteindre votre bougie à l'aide d'un éteignoir ou tout simplement en pinçant la mèche entre vos doigts humidifiés. On ne souffle jamais sur une bougie : cela risquerait de mettre fin trop brusquement à votre rituel et aux intentions qui ont été formulées. Sinon, privilégiez l'utilisation d'une bougie chauffe-plat, qui se consumera sans danger jusqu'au bout. Vous pourrez alors choisir un photophore dont la couleur donnera le ton à vos intentions.

DES ALTARS POUR INSPIRATION

Voici quelques exemples d'altars que vous pourrez réaliser avec votre propre sensibilité et selon le besoin du moment, pour faire entrer harmonie et protection dans votre foyer.

ALTAR DE JOIE ET D'ABONDANCE

Sur votre autel, vous pourrez disposer des objets qui représentent et manifestent la joie et l'abondance.

Vous pourrez exposer la représentation d'un archange qui vous accompagne ou bien la statue d'une déité qui aspire à la paix. En sagesse hindoue, la déesse de la beauté et de la fortune Lakshmi vous inspirera bienfaisance. Elle permet d'accueillir l'abondance sous toutes ses formes dans le foyer.

L'archange Sachiel nous place sous son aile, à l'abri du besoin, et apporte fertilité. On peut aussi choisir la représentation d'une corne d'abondance qui distribue ses richesses.

Ici, sur mon altar personnel, Ganesh, dieu de la sagesse et de la prospérité, symbolise l'union du divin et de l'humain, il apporte protection des foyers et porte

chance. Lors d'un de mes voyages en Inde, j'ai eu la chance de visiter un village de tailleurs de statues de dévotion en marbre. Ce sont des artistes qui taillent des statues et des statuettes à l'image de divinités. Leur travail est impressionnant et les couleurs dont ils ornent leurs œuvres sont chatoyantes et vibrantes. On sent toute la passion et l'amour qu'ils mettent à réaliser ces statues, et j'ai immédiatement été fascinée. C'est alors que j'ai découvert le dieu Ganesh : il s'est imposé à moi, droit et confiant, j'ai été attirée par son magnétisme. C'était comme dans un roman, un film et je n'ai pu faire autrement que de repartir avec sa statuette. Je l'ai emballée avec soin et je l'ai fait voyager jusqu'à New York, où je résidais à ce moment-là. C'était comme un trésor trouvé sur une île déserte. Je me sentais empreinte d'une force incroyable. J'étais fière d'avoir trouvé mon trésor ! Depuis ce jour, il fait partie de mes rituels de joie et d'abondance. Son énergie bienfaitrice a tout de suite apporté paix et protection à mon foyer. Il m'a suivie lors de tous mes déménagements. Il a sur moi un pouvoir d'ancrage et libère des émotions de bonheur.

Vous pouvez aussi placer une figure de Bouddha qui représente l'éveil et l'accomplissement de soi vers la sagesse. Il symbolise la richesse et la plénitude.

Choisissez des bougies jaunes ou orange : elles apportent abondance dans vos rituels. Le jaune est symbole de force et de réussite et l'orange d'énergie positive et de chance. Ces bougies brillent de leur énergie solaire et font vibrer de joie vos intentions.

Choisissez des pierres de lâcher-prise et de développement personnel afin de vivre pleinement votre rituel. Privilégiez les pierres bleues et vertes telles que l'amazonite, la chrysocolle et la célestine pour le lâcher-prise, et les pierres telles que l'aragonite, la citrine et la pyrite pour le sentiment de bien-être et de rayonnement personnel.

Choisissez des fleurs fraîches ou des pétales que vous donnerez en offrande. Les fleurs représentent la générosité et la beauté de tout ce qui nous entoure.

ALTAR DE PROTECTION ET DE PURIFICATION

Sur votre autel, disposez des objets qui représentent et manifestent la protection, notamment une bougie, quelques pierres et un bâton d'encens.

Une bougie blanche est synonyme de vérité mais aussi un symbole de paix et de force. Cette couleur sans couleur à usage universel sera la plus appropriée pour vos rituels afin d'attirer la pureté et les énergies divines de protection.

Choisissez des cristaux qui vous ancrent et qui vous harmonisent afin de vous libérer de toutes emprises négatives sur vos pensées. Je vous conseille l'améthyste, pierre de l'harmonie et des alchimistes : elle aide dans le domaine de la connexion et de la libération émotionnelle. L'obsidienne noire, pierre de protection ultime, est un bouclier énergétique qui nous met sur le chemin de la vérité. Le cristal de roche est la pierre de la pureté et de l'énergie.

Choisissez un encens purificateur, afin de repousser les négativités ambiantes et de libérer l'atmosphère de ses vibrations pesantes. Ici, j'ai choisi le copal, pour ses propriétés purificatrices, mais aussi pour sa magnifique fumée intense qui dégage des effluves magiques.

Disposez tous ces éléments selon votre inspiration et ajoutez des objets personnels qui vous rassurent et vous rappellent des moments de sécurité et de stabilité. Peut-être une pierre ramassée lors de vos balades en forêt ou un galet provenant d'une plage où vous vous sentez bien. Tout élément personnel renforcera les pouvoirs de votre autel.

2 • La purification par fumigation et ses rituels

Avant de commencer toute pratique dédiée au bien-être, il est important de faire bouger les énergies stagnantes et de penser à purifier régulièrement les lieux, les objets et nous-mêmes.

Les temps pour réaliser les purifications suivent le rythme de la vie : passages des cycles de saison, portails des équinoxes, changements de domicile, de travail, rupture ou nouvelle relation et à chaque fois qu'on en éprouve la nécessité.

La purification me passionne, elle est empreinte d'histoire et de symbolisme propres à chacun. Il est nécessaire de s'approprier sa façon de purifier selon ses croyances et convictions, et d'y apporter sa touche personnelle.

Il existe plusieurs méthodes de purification que l'on peut choisir et adapter selon les circonstances et selon ce qu'il faut nettoyer. Ces rituels se réalisent à l'aide de différents outils connus des traditions tels que **la fumigation**, **le feu**, **l'eau**, **le sel**, **la terre**, **le son**.

Je vais vous exposer les méthodes que j'ai découvertes lors de mes nombreux voyages et qui m'ont été transmises par des chamans et des sages.

La technique de purification par les encens sacrés, résines et plantes médicinales se pratique en les brûlant : cela s'appelle la fumigation.

L'art de la fumigation est une pratique ancestrale. Les plantes médicinales, résines et encens sont dotés de merveilleux pouvoirs qui purifient notre corps, notre esprit, nos objets, nos cristaux et nos lieux de vie. Leurs effluves parfumés font aussi appel à notre sens olfactif, qui suscite en nous des émotions.

Il est préférable d'utiliser ces encens et plantes en conscience et avec respect. Dans l'histoire, parfums, plantes odorantes, encens et bois précieux étaient réservés aux offrandes faites aux dieux. Recherchez la meilleure qualité et la provenance la plus pure et éthique possible, pour que chaque produit soit sourcé dans le respect de la nature, de son environnement et de l'homme.

Lorsque je réalise mes rites de purification, je remercie toujours la plante, la résine ou le bois que je vais utiliser, je remercie la Terre mère de m'offrir ses trésors afin de me venir en aide.

Précautions d'usage

Attention, les purifications à la fumée ne doivent pas être réalisées en présence de jeunes enfants, de femmes enceintes et de personnes asthmatiques. Il ne faut pas inhaler directement la fumée. Tous les lieux et pièces doivent être aérés en grand après le rituel de purification.

Les purifications se pratiquent de préférence seul afin de ne pas déranger votre entourage ni enfumer vos proches.

- Effectuer les fumigations dans une pièce ventilée et aérée.
- Ne pas avaler, ne pas inhaler.
- Les produits sont inflammables.
- Toujours manipuler un charbon ardent à l'aide d'une pince.
- Éteindre les essences avant de sortir d'une pièce.
- Ne pas laisser à la portée des enfants.

Voici une sélection d'encens, bois et plantes aux vertus purificatrices que j'utilise lors de mes fumigations :

LES RÉSINES AROMATIQUES

Considérées comme le « sang des arbres », les résines aromatiques nous délivrent leur énergie vitale. L'arbre nous connecte à la terre grâce à ses racines et au divin grâce à ses branches et ses feuilles qui atteignent le ciel, tandis que son tronc nous ancre et nous apaise. Il nous enseigne la vie. Les encens aromatiques, obtenus à partir de résine d'arbre, sont de vrais parfums sacrés à brûler avec conscience.

Ils assainissent naturellement l'atmosphère et laissent un sillage envoûtant et captivant qui procure du bien-être. Les résines que l'on utilise le plus souvent pour les nettoyages énergétiques sont l'**Oliban**, la **myrrhe** et le **copal**. Ces encens me sont devenus indispensables, tout particulièrement le copal, que j'ai découvert dans la région du Yucatan, au Mexique. Pour moi, il est associé au bien-être, et comme il est aussi généreusement brûlé et utilisé en extérieur, je l'associe à l'odeur de la nature luxuriante et de la jungle. Cette sensation olfactive me transporte immédiatement dans une zone de plaisir.

Le terme « encens » désigne aussi toutes les résines qui sont brûlées lors de rites religieux et spirituels.

Les encens, pour la majorité, sont des résines, des bois et des graines que l'on peut utiliser seuls ou parfois mettre en synergie avec certaines fleurs et feuilles séchées aux propriétés aromatiques puissantes pour personnaliser les rituels. Attention aux mélanges qui peuvent être proposés dans certains commerces.

Dans les cérémonies religieuses et dans les rituels, l'encens monte vers les cieux à l'image de l'échelle de Jacob. La fumée ouvre la connexion et purifie l'espace sacré. Il élève le taux vibratoire des lieux et des personnes. La vitalité, la positivité et l'harmonie entrent dans nos vies. La loi d'attraction s'active.

LE COPAL

Cette résine provient des forêts amazoniennes. Le **copal maya**, issu des arbres de la famille *Bursera*, est considéré comme de la sève de l'arbre de vie. C'est un encens que l'on utilise pour la protection et la purification, il nous protège aussi des insectes les soirs d'été. Son parfum est merveilleusement chaud et suave, ses effluves sont très spirituels et magiques.

LA MYRRHE

On utilise cette résine originaire du nord de l'Afrique et de l'Orient pour ses propriétés assainissantes et apaisantes. Dans la Bible, la myrrhe fait partie des cadeaux qui ont été offerts à l'enfant Jésus par le roi mage Balthazar ; elle compose aussi l'huile d'onction sainte. Son parfum est chaud, enivrant et aphrodisiaque. C'est l'un des rares encens qui ne présente pas de contre-indication chez la femme enceinte.

L'OLIBAN

Cette résine est originaire des régions montagneuses et arides de l'Afrique. L'encens Oliban provient des arbres ***boswellia sacra***. Seul l'arbre mâle contient la précieuse résine. Cet encens est en lien direct avec le divin. Son odeur mystique nous transcende et nous place dans un état de transformation. La fumée de l'encens qui monte symbolise les prières et les intentions qui vont vers le ciel. Faire brûler des encens aromatiques est un rituel universel, pratiqué depuis des temps immémoriaux.

RITUEL
AUX RÉSINES AROMATIQUES

Utilisez des charbons de bois afin de faire brûler les résines. Tenez le charbon à l'aide d'une pince, puis enflammez-le, en le plaçant sous la flamme d'une bougie ou d'une allumette. Placez-le immédiatement dans un encensoir ou une coupelle remplie de sable.

Attendez que le crépitement de la combustion cesse, puis placez vos encens au milieu du charbon et laissez-les se consumer jusqu'au bout.

LE PALO SANTO

Ce bois sacré, *holy wood*, est utilisé par les chamans lors des cérémonies de purification. Seul le bois femelle renferme la sève sacrée, et c'est bien après que les branches de l'arbre soient mortes et arrivées à maturation (quelques années sont nécessaires) qu'elles sont enfin récoltées. Sa senteur chaleureuse aux notes boisées et aux accents de citrus nous place dans un état de bien-être. Elle favorise également la détente du corps et de l'esprit. Ce bois a des vertus antiseptiques, antivirales, anti-infectieuses, anti-inflammatoires et antibactériennes. Je vous recommande de vous en servir lors de vos rituels de beauté afin de faire rayonner votre paix intérieure. Il m'aide beaucoup à me recentrer avec sérénité.

RITUEL
AU BOIS DE PALO SANTO

Commencez par allumer une bougie et formuler une intention de renouveau. Placez le bâton de palo santo sur la flamme pour qu'il puisse se consumer. Lorsqu'il brûle suffisamment, soufflez dessus afin de générer une fumée purificatrice.

Passez-la tout autour de vous afin de vous faire entrer dans un état d'harmonie. Déplacez-vous également dans vos pièces pour les purifier si besoin. Il est possible aussi d'enfumer vos cristaux et tous les objets que vous souhaitez purifier.

Répétez l'opération jusqu'à ce que vous vous sentiez en accord avec vous et votre espace. J'ai eu la chance de découvrir l'utilisation du palo santo, très répandu aux États-Unis, auprès d'Amérindiens. Depuis, je me déplace toujours avec un bâton de ce bois précieux qui peut m'être utile en toute situation, lorsque je ressens une atmosphère ou une ambiance lourde.

LES PLANTES AROMATIQUES CULTIVÉES ET SAUVAGES

Vous trouverez lors de vos balades dans la nature des plantes qui vous seront utiles pour vos rituels. Les plantes telles que la **sarriette des bois**, le **thym sauvage**, le **romarin**, la **lavande** constituent de précieux outils. Dans la forêt, vous pourrez aussi ramasser des bois tels que le **cèdre**, le **pin** ou le **cyprès** : ils vous serviront à purifier l'atmosphère et sont merveilleux à mélanger avec les plantes. Si vous n'avez pas l'occasion d'aller à la cueillette sauvage, vous pourrez toujours faire pousser quelques plantes aux vertus purifiantes. Pour ma part, je cultive toujours sur mon balcon quelques plantes aromatiques telles que la sauge officinale, la sarriette, le romarin, le thym et la lavande officinale. Elles ne demandent pas beaucoup d'entretien, juste de l'amour et de l'eau fraîche... et croyez-moi, elles nous le rendent bien. Même si vous n'avez pas le temps de les faire sécher, vous pourrez les faire brûler fraîches en dépannage.

RITUEL AVEC LES PLANTES AROMATIQUES

Cueillez avec gratitude vos plantes, remerciez-les et faites-les sécher dans un endroit aéré. Lorsque vos feuilles sont prêtes, prenez-en quelques pincées et déposez-les dans un récipient. Allumez une allumette et faites brûler les feuilles. Profitez de leurs bienfaits et de leurs odeurs vivifiantes et aromatiques.

LA YERBA SANTA

Aussi appelée « baume des montagnes », elle provient des hauts plateaux californiens, situés à la frontière du Mexique. On s'en sert en médecine traditionnelle amérindienne afin de nettoyer, de s'enraciner et d'ouvrir le cœur. Elle est parfaite pour nettoyer les auras et élever le taux vibratoire des personnes, lieux et objets. C'est une plante très appréciée pour son odeur épicée.

RITUEL À LA YERBA SANTA

La méthode de fumigation sera la même qu'avec les bâtons de sauge blanche. Veillez à bien éteindre le bâton lorsque vous avez fini de vous en servir, car les bâtons de plantes ont tendance à se consumer longtemps par eux-mêmes. Pour l'éteindre, vous pouvez l'écraser dans du sable que vous aurez placé dans un récipient réservé à cet effet (un coquillage, une coupelle en verre ou une céramique qui résiste à la chaleur). Conservez le bâton dans un endroit sec et aéré jusqu'à la prochaine utilisation.

Mantra de purification

Lors de votre rituel de purification, vous pourrez, si vous le souhaitez, verbaliser et trouver votre propre mantra de visualisation, à répéter plusieurs fois.
Voici le mien : « Que par cette fumée, toutes les mauvaises énergies retournent à la terre, que cet objet, lieu ou personne soit purifié, qu'il ou elle s'emplisse de lumière, qu'il en soit ainsi. Namaste. »
Puis remerciez l'Univers.

LA SAUGE

Il existe plus de 900 variétés de sauges. Cette plante vivace tient son nom du latin *salvare*, qui signifie « guérir ». En Europe, **la sauge sclarée et la sauge officinale**, qui poussent dans nos montagnes et jardins, sont les plus utilisées pour leurs bienfaits médicinaux, mais pour la fumigation, mieux vaut opter pour **la sauge blanche *Salvia apiana***. Celle-ci provient de Californie et permet de purifier l'esprit comme l'environnement. Son odeur est chaude et balsamique, idéale pour créer une atmosphère de relaxation. Elle aide à la méditation et à apaiser les esprits.

RITUEL
À LA SAUGE

Pour purifier votre maison et vous-même, commencez par ouvrir une fenêtre dans chaque pièce. Allumez le bâton de sauge au-dessus d'une coupelle réservée à cet effet et faites circulez la fumée tout autour de vous afin de vous purifier et de vous détendre.

Procédez au nettoyage de vos lieux dans la paix de votre cœur. Partez de votre porte d'entrée et circulez dans le sens contraire des aiguilles d'une montre, dans chaque pièce. Insistez sur les coins, les placards, les étagères où les objets s'accumulent, et tournez autour des fenêtres afin de faire circuler le flux.

Mentalisez ou verbalisez : toutes les énergies stagnantes s'évacuent, s'en retournent à la terre et l'énergie de lumière envahit les lieux et votre maison.

Puis ventilez et aérez les lieux.

Pour purifier un objet, passez-le dans la fumée tout en récitant votre mantra de purification. Veillez à bien éteindre le bâton lorsque vous avez fini, car les bâtons de plantes ont tendance à se consumer longtemps. Pour l'éteindre, vous pouvez l'écraser dans du sable posé dans un récipient réservé à cet effet. Conservez le bâton dans un endroit sec et aéré jusqu'à la prochaine utilisation.

Votre trousse à fumigation

L'ANIS BADIANE
C'est un encens protecteur qui aide à développer l'intuition.

LE BAUME DU PÉROU
Voici une résine à l'odeur balsamique, vanillée et très enveloppante.

LA CANNELLE
Tout le monde connaît cette épice très présente dans nos recettes culinaires. Mais ce bois peut aussi être utilisé comme encens mélangé à d'autres composants. Il densifie l'énergie, développe les facultés psychiques et favorise les rituels d'amour et d'abondance.

LA CARDAMOME
Utilisée en encens, cette épice sensuelle est aphrodisiaque et stimulante. Son parfum est doux, chaleureux et légèrement anisé.

LE CÈDRE
Le cèdre s'emploie pendant les méditations. Il repousse les énergies négatives et aide au lâcher-prise. Sa fragrance boisée équilibre le masculin et le féminin, puis fortifie l'âme.

LE CUMIN
Comme la cannelle, il trouve sa place dans les rituels amoureux et il est aussi protecteur.

L'EUCALYPTUS GLOBULUS
Son parfum mentholé et agréablement camphré aide à éclaircir les idées, à avoir l'esprit positif et purifie.

LA MYRRHE
Encens féminin et mystique. Son parfum chaud et balsamique convient aux méditations et aux rituels de guérison.

L'OLIBAN
L'encens Oliban élève l'énergie tout en purifiant. Sa fumigation apaise et harmonise.

LE PALO SANTO
Il laisse derrière lui un sillage protecteur à la senteur boisée anisée. Il purifie, apaise et tient le mal éloigné.

LE POIVRE
Il dynamise les rituels de libération. Il permet d'affronter les épreuves, de se défaire des schémas répétitifs et de s'équilibrer émotionnellement.

LE SANTAL
Encens doux, boisé, légèrement lacté, comme une odeur de peau. Il apaise et purifie tout en élevant le taux vibratoire. Parfait pour les séances de méditation et de prière.

LA YERBA SANTA
Elle sert au dégagement des énergies négatives et crée la protection. Plante de guérison, de purification et d'ancrage.

3 • L'intention, la manifestation et leurs rituels

« Le cœur connaît la bonne réponse. »

DEEPAK CHOPRA

Le pouvoir de l'intention est un outil qui, sous des allures magiques, s'appuie sur le principe de physique quantique énoncé par Werner Heisenberg, selon lequel « l'observateur influence l'observation ». Les intentions sont des propositions de vie que l'on se fait à soi-même. Nous décidons du sens que nous voulons donner à notre existence, nous choisissons notre direction, notre premier pas. C'est l'image de l'archer qui arme son arc et regarde la cible. En tout premier, l'important est dans la cible que l'on se fixe. Il s'agit de tendre vers l'infini. C'est une façon de voir la vie qui inclut la possibilité d'influer sur son cours.

Cependant ne croyez pas qu'il suffise d'un vœu pour tout changer. Nous avons tous en tête des affirmations telles que « si on veut, on peut », « à cœur vaillant rien d'impossible », « si tu n'y arrives pas, c'est que tu ne le veux pas vraiment »... Toutes ces petites phrases se veulent dynamisantes, mais peuvent parfois être au contraire paralysantes. Elles font écho à nos fragilités et créent ainsi le sentiment dévalorisant et culpabilisant que si l'on ne réussit pas, c'est parce qu'on ne fait aucun effort. Nous serions incapables parce qu'impuissants.

La vérité, c'est que préparer ses intentions est un processus à la fois simple et profond. Tant que nous n'aurons pas travaillé sur la qualité de notre pensée, même avec les meilleures intentions du monde, nous n'atteindrons pas la cible. La qualité des pensées vient de l'authenticité vis-à-vis de soi et des autres.

Nous avons tous des attentes, des désirs, des espoirs. Les traditions spirituelles disent clairement que pour obtenir ce que nous désirons, il faut tout d'abord le demander. On retrouve là la parabole des Évangiles : « Frappe et on t'ouvrira. » Ouvrir une porte est une chose, mais que voulons-nous trouver derrière ? Ou qu'allons-nous trouver ?

Tout dépend de notre capacité à formuler nos demandes. Oui, nous pouvons demander ce que nous voulons, mais la vraie question est : que voulons-nous ? Savoir ce que nous désirons demande un travail de réflexion. Un questionnement. Et la qualité de la réponse dépend de la qualité de la question, mais aussi de celle de nos pensées.

Et désire-t-on pour nous ? Pour la société ? Ou pour se conformer à ce qu'il faut avoir, à ce qu'il faut dire ou faire dans notre monde ?

Il faut encore et toujours savoir si on est dans l'être ou le paraître. Se demander aussi si notre attente n'est pas antinomique avec le bien des autres. On ne peut pas faire une demande pour quelqu'un sans lui avoir demandé au préalable son autorisation.

Pour que le pouvoir de l'intention se manifeste, il faut d'abord changer son point de vue. Il ne faut pas seulement souhaiter être : il faut être. Il faut accepter de se séparer de ce qui ne nous est plus nécessaire. Refuser de porter ce qui nous alourdit. L'idée est de tendre vers l'impeccabilité. Attention, être impeccable ne veut pas dire être parfait. La perfection sous-entend qu'il y a le désir de se placer au-dessus des autres. L'impeccabilité, c'est prendre le temps de se mettre en accord avec soi-même et bien utiliser son énergie.

Les traditions chamaniques des Indiens toltèques parlent de récapitulation. C'est un moyen de couper les liens toxiques et de se libérer des émotions négatives. Il s'agit de se remémorer les moments de la vie, les situations qui provoquent en nous des perturbations, de prendre ce qui est à nous, ce qui nous enrichit, et de relâcher ce qui nous empêche d'avancer. C'est certainement la partie la plus difficile, mais il faut réaliser ce nettoyage régulièrement.

Il nous sert à balayer les fausses croyances, les schémas répétitifs. Écoutons le silence en nous, ouvrons notre champ de conscience. Et prenons garde de ne pas remplacer une croyance par une autre, un dogme par un autre, une addiction par une autre.

Agissons comme un peintre qui prépare sa toile. Quand nous sommes en paix avec nous-mêmes, avec les idées claires, alors il est temps de créer nos intentions et de les exprimer.

Ceci dit, vous pouvez demander tout ce que vous attendez de la vie, tout ce que vous souhaitez voir devenir concret. Ne vous limitez pas, et soyez bienveillant avec vous-même.

L'INTENTION POSITIVE POUR SORTIR DES CROYANCES LIMITANTES

Poser une intention, c'est l'acte qui consiste à se proposer un but, une résolution prise pour agir. L'intention est une pensée presque quotidienne que nous négligeons ou à laquelle nous n'attribuons pas assez d'importance. En effet, la force que peuvent créer des intentions conscientes est du domaine du possible. Mais pour cela, il faut absolument être au clair sur ce que l'on va construire avec ses intentions.

Nous avons tous entendu des phrases comme « je m'interroge sur ses intentions » ou « je me demande quelles intentions cette personne a derrière la tête ». Dans ces contextes, l'intention est souvent perçue comme négative, annonciatrice d'un « mauvais coup ».

Ici, il est question de pensée constructive et d'intentions positives, c'est-à-dire que l'on se propose d'agir pour son bien et pour celui d'autrui. L'acte ainsi commis pourra être guérisseur de mauvaises habitudes. Les pensées parasites comme la dévalorisation de soi, le fait de se comparer à d'autres modèles, de broyer du noir, de se compliquer la vie, voire de se la rendre insupportable, sont des schémas dont nous souhaitons sortir.

C'est le moment de transformer les « acquis » négatifs et les pensées limitantes, dont certains existent en nous depuis l'enfance, par des intentions positives, de métamorphoser l'impossible en possible. Pour alchimiser ces pensées limitantes, il faut dans un premier temps les identifier, comprendre de quelle façon elles nous font du mal, même si on a souvent l'impression de les énoncer avec les meilleures intentions du monde.

L'objectif ? Moins de jugements, de ruminations, de pensées à l'emporte-pièce. Ce sera finalement un grand soulagement pour notre cerveau, qui va prendre des vacances.

Comment formuler ses intentions ?

Il est possible de donner des exemples, mais ils ne seront peut-être pas en adéquation avec votre nature, ni avec vos besoins. Il est important que vous trouviez vos propres formules, celles qui seront justes pour vous.

Formulez toujours des affirmations positives. Vous pouvez dire « je veux… » ou « je souhaite… », mais pensez également à dire ce que vous ressentez quand vous obtenez finalement ce que vous voulez. Pour l'obtention d'un poste par exemple, « j'apprécie d'avoir des responsabilités dans mon travail… », si bien sûr c'est un poste à responsabilité que vous cherchez. Pour une augmentation, dites ce que vous aimez faire avec cet argent, par exemple « j'aime apporter le confort dans mon foyer… ». Ou pour l'amour, « j'adore être en couple, aimer et être aimé… ».

Une intention peut aussi se traduire par un sentiment, une couleur, un élan du cœur. Un peu comme une envie d'embrasser la vie. Dans ces moments-là, permettez à l'émotion de remplir votre être et laissez-vous porter par son énergie positive et créative. Faites rayonner ce que vous avez au fond de votre âme : tout cet espoir et cette lumière, cette mandorle ou cette aura qui n'appartient qu'à vous. Votre signature énergétique.

Commencez par pratiquer une méditation de lâcher-prise, faites le vide en vous, écoutez votre cœur. Une fois cette étape réalisée, vous êtes prêt à écrire sur une feuille de papier libre tout ce que vous désirez voir se manifester dans les différents domaines de votre vie. Vous pouvez établir une liste de 10 souhaits, formulés positivement, vous pouvez également répéter plusieurs fois certaines de vos intentions sur lesquelles vous souhaitez insister. L'essentiel est ce que vous avez dans le cœur.

RITUEL

POUR POSER SES INTENTIONS

Il est possible de réaliser des demandes à tout moment, cependant la nouvelle lune est la période la plus propice à la pratique de ce rituel (voir p. 40).

Vous n'êtes pas obligé de pratiquer le rituel chaque mois. Là encore, écoutez vos envies, vos besoins, votre intuition.

- Le soir de la nouvelle lune, quand elle est invisible, allumez une bougie, purifiez les lieux et votre aura.
- Installez-vous confortablement, assis en tailleur ou allongé, l'essentiel étant de vous sentir libre pour concentrer toute votre attention sur vos désirs.
- Fermez les yeux.
- Respirez.
- Portez l'attention sur vous.
- Écoutez votre corps. Écoutez votre voix intérieure.
- Qu'attendez-vous de la vie ? Quels sont les changements que vous souhaitez voir se réaliser ?
- Visualisez votre vie transformée. Visualisez ce que vous entreprenez pour que vos vœux se réalisent. Choisissez la direction de votre premier pas.
- À présent, vous êtes prêt à écrire vos intentions.
- Le lendemain, accompagnez vos vœux sur le chemin de la manifestation. Allumez une bougie, purifiez votre espace sacré à la sauge, posez un cristal de roche (voir p. 199) sur l'altar.
- Lisez vos souhaits à haute voix, trois fois.

LA MANIFESTATION

Le monde existe parce qu'il existe une conscience pour le voir. Nous donnons forme à notre monde en le voyant tel que nous le voulons. Le principe de la manifestation est la révélation de nos intentions. C'est l'esprit qui se manifeste, nos attentes qui se réalisent, parce que, comme le dit Paulo Coelho dans *L'Alchimiste* : « Quand on veut une chose, tout l'Univers conspire à nous permettre de réaliser notre rêve. »

Oui, demandons à l'Univers et récoltons les fruits de notre implication à vivre notre incarnation. La flèche de l'archer atteint sa cible.

La manifestation, c'est peut-être la volonté d'exister. Pratiquer la manifestation, c'est être présent à soi et au monde en utilisant la loi d'attraction.

> « Tous les jours à tout point de vue je vais de mieux en mieux. »
>
> **ÉMILE COUÉ**

Le pharmacien français Émile Coué, précurseur des méthodes de pensée positive, a remarqué que la suggestion aidait les traitements à mieux agir et les patients à guérir. Il a mis au point une méthode qui porte son nom. Elle consiste à faire répéter une phrase positive en autosuggestion 20 fois le matin et 20 fois le soir. Le principe est de porter l'attention sur le but à atteindre et de le considérer comme atteint. Cela demande d'utiliser le pouvoir de l'imagination pour voir la réussite et de laisser de côté l'échec. Car se placer dans une énergie positive attire le positif.

Quand on pratique les intentions et la manifestation, il est essentiel de pratiquer également la gratitude. C'est-à-dire de savoir reconnaître les bienfaits reçus, les changements dans notre vie aussi minimes soient-ils. Et cela même s'ils interviennent sous une autre forme que celle attendue.

La gratitude est assez facile à expérimenter. N'oubliez pas de remercier à la fin de vos prières, de vos rituels. Remerciez avec le cœur. Vous pouvez aussi laisser rayonner votre bien-être et votre joie dès que vous avez conscience de ces instants clairs. Le matin au réveil ou le soir au coucher, choisissez un moment positif de votre journée. Un rayon de soleil, le vent sur le visage, un thé qui vous réchauffe, un sourire… Il existe mille et un bonheurs.

4 • Les grids et la géométrie sacrée

Si tout est vibration, tout est aussi géométrie.

On sait que des civilisations comme les Babyloniens avaient l'usage de certaines règles de géométrie et de trigonométrie, cependant, ce sont les Égyptiens et les Grecs qui développèrent l'art de la géométrie pour mesurer la Terre. Ensuite, en observant la nature et l'organisation du monde, des philosophes mathématiciens ont découvert des formes géométriques parfaites. Ce qui amena Platon à dire que « Dieu toujours fait de la géométrie ». On lui attribue d'ailleurs la découverte des 5 solides parfaits (le tétraèdre, l'hexaèdre, l'octaèdre, le dodécaèdre et l'isocaèdre) qu'il a fait concorder avec les 5 éléments (le feu, la terre, l'air, l'éther et l'eau). Ces figures géométriques se retrouvent, entres autres, dans la structure des cristaux et dans celle du noyau des atomes. Cette « divine proportion », appelée « nombre d'or », présente du coquillage à la fleur, en passant par les proportions du corps humain a inspiré les sculpteurs, les peintres, les musiciens et les bâtisseurs pour créer des œuvres en harmonie avec l'Univers.

Bien plus tard, au XVIIIe siècle, le physicien Ernst Chladni a démontré avec l'expérience du sable sur une plaque vibratoire que, selon la fréquence et l'intensité de la vibration, le sable forme des figures géométriques différentes. La géométrie apparaît comme le son rendu visible : forme et vibration sont étroitement liées.

Apprivoiser l'art et l'usage de la géométrie dans notre quotidien spirituel, c'est renouer avec le sacré. C'est aussi replacer d'un point de vue symbolique l'homme au centre de la cosmogonie.

QUAND ET COMMENT LES UTILISER ?

Les géométries sacrées servent à harmoniser l'espace, à le purifier et à augmenter le taux vibratoire, mais aussi à manifester et matérialiser nos intentions. Voilà pourquoi dans le choix du mobilier et de la décoration, en plus de la couleur, il faut être attentif aux formes.

Les formes droites sont de nature masculine. Elles seront utiles pour dynamiser un espace ou encore travailler le logo d'une entreprise nécessitant des énergies d'action et de performance. Elles induisent la notion de stabilité et de force.

Les formes arrondies de nature féminine introduisent le principe yin et organisent un espace aux énergies douces, calmes et relaxantes. Ces formes organiques symbolisent le bien-être.

Trouvez votre équilibre entre féminin et masculin en jouant avec les formes, les matériaux et les couleurs.

Leur application dans les rituels :

Les triangles, carrés et formes droites dynamiseront vos intentions, introduiront créativité et stabilité, ils inviteront l'action dans votre vie et feront le lien entre monde physique et monde spirituel. Leurs angles peuvent repousser les énergies négatives.

Les formes organiques, cercles et spirales, créent l'harmonie et favorisent la circulation des énergies d'amour et de guérison. Elles connectent aux forces de la nature et à la puissance transformatrice de la vie. Elles sont protectrices.

Au quotidien, dynamisez, purifiez votre eau et votre alimentation en plaçant une fleur de vie sous votre carafe ou votre plat (voir p. 120).

Dans votre approche spirituelle, l'utilisation des formes géométriques favorise l'équilibre et aide aussi à repousser les énergies négatives et à s'en protéger. Placez sur votre altar la forme géométrique de votre choix dessinée, ou créez-la avec des pierres, des fleurs et des plantes. Elle représente l'infiniment grand dans l'infiniment petit, relie le ciel et la terre et permet une amplification vibratoire des intentions.

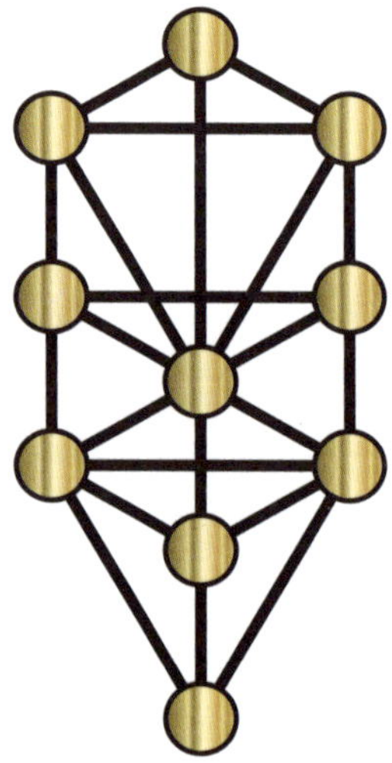

QUELQUES MODÈLES DE GÉOMÉTRIE ET LEUR SYMBOLIQUE

- **Le cercle** : le nombre 1, l'harmonie, la perfection, l'âme.
- **Le triangle :** le nombre 3, la création, l'esprit, la spiritualité.
- **Le carré** : le nombre 4, la stabilité, l'existence terrestre, la matière, le monde matériel.
- **La spirale** : l'énergie cosmique.
- **La fleur de vie :** la création de toute chose.
- **L'arbre de vie :** le 10, rattaché à l'arbre séphirotique de la kabbale, le cycle de la vie, de l'infiniment grand et de l'infiniment petit, il crée le lien entre la terre et le ciel.
- **Le cube de métatron :** la protection contre les énergies négatives.

À vous de jouer avec les différentes figures géométriques !

Le mot anglais *grid* se traduit par « grille ». Former une grille avec des pierres et des végétaux, c'est créer un réseau énergétique sur lequel nos intentions entrent en résonance avec l'Univers. Construisez vos grids de cristaux en choisissant l'énergie vibratoire qui accompagnera vos demandes. Pour le choix des cristaux, voir p. 176.

5 • L'eau dynamisée : boire une eau intentionnée

L'eau garde en mémoire et retient des informations. Les séries de recherches du Dr Masaru Emoto, décrites dans ses ouvrages *Le Miracle de l'eau* et *Le Pouvoir guérisseur de l'eau*, nous démontrent que des stimulations et vibrations, qu'elles soient positives ou négatives, ont une influence sur la structure de l'eau. Il prouve ainsi que nos pensées, émotions et intentions manifestées ont un effet sur l'eau.

Pour énergiser l'eau, choisissez un récipient en verre, carafe ou gobelet, que vous pouvez facilement fermer avec un bouchon, un couvercle ou autre, pour protéger l'eau des impuretés.

Vous pourrez boire un verre d'eau dynamisée chaque jour le matin en vous levant ou après un rituel afin d'accueillir en vous l'énergie d'une eau vivante.

Toutes les méthodes qui suivent redynamisent l'eau et la programment. À chacun de choisir celle qui convient à son ressenti personnel et au moment vécu.

AU SOLEIL

Profitez des périodes ensoleillées pour exposer votre carafe d'eau en verre à la lumière solaire. Cette pratique *slow life* reconnecte avec la nature de façon joyeuse.

À LA LUNE

Pour renforcer les effets du rituel de pleine lune ou de nouvelle lune, exposez l'eau aux rayons de lune. Buvez l'eau de lune le matin au réveil.

AVEC DES CRISTAUX

Pour recevoir les messages énergiques des gemmes, choisissez une ou plusieurs pierres selon votre désir. Placez-la(les) à côté de votre contenant. Certaines bouteilles ont des compartiments prévus pour les cristaux.

AVEC LE SON

Si vous avez un instrument thérapeutique (bol Himalaya, bol de cristal ou diapason), jouez-en au-dessus de votre eau. Vous pouvez également chanter un mantra ou le son correspondant à un chakra. Buvez ensuite l'harmonie.

AVEC UNE FORME GÉOMÉTRIQUE SACRÉE, UN MANTRA ET/OU UNE INTENTION

Posez votre verre ou votre bouteille sur une feuille sur laquelle vous avez tracé un dessin sacré (par exemple la fleur de vie) et/ou un mantra qui dit ce que vous souhaitez.

AVEC VOS MAINS

Joignez les mains l'une contre l'autre, puis écartez-les légèrement pour sentir une balle d'énergie qui se forme. Faites-la grandir. Quand vous êtes prêt, dirigez le flux énergétique sur le verre.

6 • Méditation et pleine conscience

Méditer, c'est apprendre à observer sans jugement nos pensées et notre mode de fonctionnement. En méditant, nous n'apprenons pas à devenir quelqu'un d'autre, mais à mieux nous comprendre et nous aimer. La méditation ne s'apprend pas, elle s'expérimente. Elle peut prendre de multiples formes et s'exercer à tout moment : vous pouvez méditer en silence, suivre une méditation guidée ou même méditer en faisant du vélo, du surf, en écoutant un morceau de musique ou encore en cuisinant votre plat préféré. C'est le fait de poser votre attention et votre mental dans le moment présent et d'observer ce qui s'y produit qui vous placera dans un état de pleine conscience.

Le but de la méditation n'est pas de vider votre esprit, mais d'accueillir les pensées telles qu'elles viennent et de vous exercer à ramener petit à petit votre attention sur vous et votre respiration chaque fois que vos pensées s'échappent. N'essayez pas de comprendre le pourquoi du comment. Essayez juste de ramener votre attention vers votre *prana*, le « souffle » en sanskrit.

Pendant la méditation, la respiration consciente a de nombreux bienfaits sur votre organisme et un impact considérable sur votre bien-être. Elle réduit avant tout le stress et aide à oxygéner les cellules de votre corps, ce qui est essentiel pour stimuler votre capital santé et jeunesse. Elle vous assure un rayonnement et un coup d'éclat immédiat.

Beaucoup de méthodes sont disponibles et à portée de main, mais mes pratiques de méditation préférées restent les voyages sonores (voir p. 212) et les méditations sensorielles. Elles me relient à la magie et à la beauté qui résident en toute chose. Elles m'aident à ancrer mes expériences dans mon corps, à incarner l'être que je suis et à vivre pleinement ma mission de vie.

La mission de vie et les sens

Notre mission, le sens de la vie, c'est d'être. Nous sommes sur terre pour vivre notre passion, nous sommes définis par ce que nous sommes. L'Univers nous demande de faire l'expérience d'être nous-mêmes.

Nous sommes sur terre afin d'expérimenter nos cinq sens. Le but ultime est d'enregistrer le maximum d'expériences sensorielles, qui vont nous construire et nous aider à accéder à la sagesse.

Afin de goûter en pleine conscience aux plaisirs de la vie, chaque expérience sensorielle crée une émotion qui s'incarne en nous et dans chacune de nos cellules. Ce sont ces émotions qui nous font vibrer et nous emplissent d'énergies guérisseuses.

Comment faire grandir notre âme afin d'être heureux, de se sentir épanoui et d'augmenter notre force vitale ? Eh bien, il faut faire l'expérience de nos cinq sens et nous ancrer dans l'ici et maintenant (voir p. 138).

LES MÉDITATIONS SENSORIELLES

Elles peuvent bien sûr se pratiquer en intérieur, mais elles prennent une autre dimension en extérieur, dans un parc au cœur de la ville, en pleine nature lors d'un week-end ou en vacances.

Choisissez donc...

• L'unité de lieu : dans un jardin cocon, sur la plage, au milieu de la verdure, chez vous...

• L'unité de temps : le matin au lever du jour pour accueillir avec grâce la lumière ; le soir, pour recevoir les derniers feux et remercier pour les bienfaits du jour passé ; à tout moment de la journée ou de la nuit, quand le besoin se fait sentir d'être présent à soi.

• L'unité d'espace : assis en voyageur immobile, suspendu au-dessus de son intériorité, ou bien en marcheur synergique dans une coordination de tous les sens.

Se relier à l'énergie de l'Univers

Afin d'ancrer vos expériences dans votre corps, pratiquez les méditations sensorielles dans un endroit qui vous fait du bien. Imprégnez-vous des bruits, des odeurs, des sensations... Respirez-les. Lorsque vous ancrerez ces sensations, elles se transformeront en énergie vitale.

Éprouvez de la gratitude et dites simplement merci à la vie dès que vous le pouvez, car cela vous fait vibrer. Pour nous épanouir, nous avons besoin d'amour et d'affection. Si vous donnez de l'amour sans rien attendre en retour, vous ne recevrez que des énergies positives.

MÉDITATION SENSORIELLE
DES ÉLÉMENTS

Vous pouvez également vous appuyer sur les éléments, séparément selon vos besoins, ou bien en mobilisant les cinq successivement pour un travail en profondeur, au rythme de votre respiration.

Asseyez-vous en tailleur.

TERRE

La méditation autour de l'élément terre concerne le corps physique, pour s'incarner et recharger son énergie physique.

- Vos mains reposent sur vos genoux en position de Prithvi Mudra, le Mudra de la terre : le bout du pouce touche le bout de l'annulaire, les autres doigts sont tendus.
- Inspirez et expirez profondément.
- Vous sentez le sol sur lequel vous êtes assis.
- Inspirez, vous êtes calme.
- Expirez, vous êtes bien.
- Visualisez le lieu où vous êtes, une forêt, peut-être une grotte.
- Inspirez. Vous sentez les odeurs de la terre, le végétal autour de vous, le bois, les feuilles, la roche.
- Expirez. Vous recevez la force de la terre qui monte le long de votre colonne vertébrale, la force de l'énergie vitale.
- Vous êtes en sécurité.
- Inspirez, vous sentez l'élément terre en vous, la force vitale qui circule dans votre corps.
- Expirez, vous souriez.

EAU

La méditation autour de l'élément eau concerne le corps émotionnel, pour renaître à soi, fluidifier sa vie et développer son intuition.

- Vos mains reposent sur vos genoux en position de Varuna Mudra, le Mudra de l'eau : votre pouce touche le bout de l'auriculaire, les autres doigts sont libres.
- Inspirez et expirez profondément.
- Vous voyez une étendue d'eau.
- Inspirez, vous êtes rassuré.
- Expirez, vous souriez à la vie.
- Vous êtes au bord de l'eau, d'un lac, pieds nus, ou sur une plage.
- Inspirez, vous sentez l'eau effleurer le bout de vos orteils, vous entrez dans l'eau.
- Expirez, l'étendue d'eau est calme et d'un magnifique bleu profond. Vous sentez l'eau caresser votre peau, vous flottez.
- Inspirez, l'élément eau circule dans votre corps, votre sang, votre lymphe, vos cellules.
- Expirez, vous êtes régénéré.

FEU

La méditation autour de l'élément feu concerne le corps spirituel, pour prendre sa place dans l'Univers avec courage et joie.

- Vos mains reposent sur vos genoux en position de Surya Mudra, le Mudra du feu : votre annulaire est replié sur la paume de la main, le pouce appuie sur sa deuxième phalange, les autres doigts sont tendus.
- Inspirez et expirez profondément.
- Visualisez un feu devant vous. Ses flammes dansent légèrement, puis flamboient avec force. Vous sentez leur chaleur.
- Inspirez, vous êtes en confiance.
- Expirez, vous êtes ici et maintenant.
- Inspirez, l'élément feu est en vous. Vous ressentez sa force d'action et son énergie.
- Expirez, vous êtes heureux, vous riez.

AIR

La méditation autour de l'élément air concerne le corps mental, pour écouter sa voix intérieure.

- Vos mains reposent sur vos genoux en position de Vayu Mudra, le Mudra de l'air : votre pouce tient l'index replié sur la paume de la main, les trois autres doigts restent droits.
- Inspirez et expirez profondément.
- Une brise légère, douce et fraîche vous enveloppe. Vous la sentez prendre de la force. Elle vous donne envie de voler comme un oiseau.
- Inspirez, vos idées sombres se dispersent, votre mental s'éclaircit.
- Expirez, votre diaphragme et tous vos muscles se détendent.
- Inspirez, l'élément air chargé d'oxygène entre dans vos poumons, il apporte l'énergie au cœur de chacune de vos cellules. Laissez le *prana* circuler.
- Expirez, vous êtes libre.

ÉTHER

La méditation autour de l'élément éther concerne le corps subtil, pour rencontrer sa lumière intérieure et faire rayonner sa beauté.

- Vos mains reposent sur vos genoux en position d'Akasha Mudra, le Mudra de l'éther : votre pouce touche le bout de votre majeur, les autres doigts sont libres.
- Inspirez et expirez profondément.
- Vous êtes sur terre, dans une plaine ou un désert. Le ciel est au-dessus de vous, immense. En plein jour sous la lumière du soleil ou la nuit sous celle de la voûte étoilée, vous recevez cette lumière.
- Inspirez, vous prenez conscience de tout cet espace entre les nuages, entre les étoiles mais aussi en vous, entre vos cellules. Vous baignez dans la lumière.
- Expirez, vous êtes conscient.
- Inspirez, l'élément éther est en vous, il active tous les autres éléments. Vous entendez le son de la création en vous et tout autour de vous.
- Expirez, vous êtes observateur et créateur du monde en devenir.

7 • À la rencontre de nos guides

Sur le chemin spirituel, il est souvent question de rencontrer son ou ses guides. Dans les premiers temps, cette notion est surprenante et même perturbante. Surtout si on écoute les témoignages de personnes expérimentées qui racontent leur voyage, leurs rencontres, leurs visions. Alors pas de panique, il s'agit d'un entraînement. Développer cette capacité se fait pas à pas et surtout sans pression. Il vous faudra certainement essayer plusieurs méthodes, plusieurs outils et choisir ce qui vous parle.

QUI SONT LES GUIDES ?

Il y a différentes catégories de guides spirituels. Au cours de vos expériences, vous découvrirez la reliance que vous souhaitez établir, celle avec laquelle vous avez le plus d'affinités.

LES ARCHANGES ET LES ANGES, MESSAGERS DU DIVIN ET PROTECTEURS

Ces bienveillants « purs esprits » sont nombreux et s'organisent de manière hiérarchique. Ils ont chacun des compétences particulières et interviennent quand on le leur demande. Nous avons un ange gardien pour nous assister dans notre quotidien. Mais il est possible de faire appel à un ange en particulier pour un travail précis qui relève de son domaine. De même avec les archanges, qui sont très puissants.

LES ANCÊTRES

Il est possible de faire appel à la sagesse de son lignage. C'est une pratique chamanique qui permet d'entrer en contact avec les ancêtres, les premiers parents de la lignée, pour recevoir un message utile à l'évolution de la vie présente et pour travailler sur les liens karmiques. C'est une pratique très codifiée dans laquelle il est conseillé de se faire accompagner.

LES ÉLÉMENTS DE LA NATURE ET LES ANIMAUX TOTEM

Se connecter à la nature est accessible à chacun. La rencontre peut être physique : au cours d'une promenade, vous pourrez ressentir les énergies particulières d'un végétal, d'un minéral, la sagesse des esprits de la nature. Entrer en relation avec le « petit peuple » ouvre les chemins de la guérison et du bien-être.

Parfois, l'expérience surgit pendant une méditation au son d'un tambour chamanique. Dans ce voyage initiatique, vous rencontrerez peut-être votre animal totem. Acceptez la guidance et retenez le symbole.

NOTRE CONSCIENCE

Apprendre à écouter sa voix intérieure est un merveilleux voyage. Il s'agit de prendre conscience du soi supérieur, de laisser parler son intuition et de devenir son propre guide. Une expérience de soi à soi.

QUAND ET COMMENT SE METTRE EN RELATION AVEC UN GUIDE ?

Nous connaissons tous dans la vie des passages difficiles, des moments troubles pendant lesquels nous aimerions que quelqu'un nous dise quoi faire, nous prenne dans ses bras, nous rassure, nous console dans un élan d'amour absolu. Sans jugement aucun. Avec les guides, nous rencontrons cette écoute attentive. Mais attention, sans complaisance non plus. Ils ne sont pas là pour nous maintenir dans nos erreurs ni nos lamentations. Il faut être prêt à accepter la guidance. L'aide peut ne pas se présenter comme nous l'attendions. Les guides répondent toujours, mais nous sommes parfois trop enfermés dans notre histoire pour percevoir la réponse ou la comprendre.

Quelle que soit la méthode choisie, il est essentiel de se retirer du monde. Soyez dans le calme, si possible loin des nuisances sonores et électriques.

En mode solo, pratiquez une méditation guidée. Vous pouvez la diriger vous-même ou trouver des audios qui vous feront entrer dans le processus.

Vous pouvez également choisir de vous mettre en relation avec l'aide d'outils comme **les tarots ou les oracles** afin de vous placer dans l'énergie du jour. Il y a différents thèmes d'oracle : guidance angélique, chakras, énergie, animaux totem, la lune, les couleurs, le son. À vous de choisir ce qui vous appelle.

Avec un pendule : après avoir déterminé le sens du oui et du non, posez vos questions, ou utilisez des planches préparées à cet effet.

Dans vos rêves : préparez votre sommeil, éloignez-vous des écrans perturbateurs et pratiquez une méditation relaxante pendant laquelle vous concentrez votre attention sur la question qui vous préoccupe. Peut-être recevrez-vous la réponse dans la nuit même ou au cours des nuits suivantes. Le petit matin est très favorable à la réception de messages par rêve. Ayez un crayon et un papier à portée de main pour noter tous les détails. Notez aussi vos impressions ou ce à quoi cela vous fait penser. Rien n'est anodin pour l'interprétation du message. Et si aucun rêve ne se présente, il se peut que la réponse vienne à vous par une synchronicité, une rencontre, un livre qui s'ouvre à la bonne page… Les modes de communication des guides sont multiples. Les plus expérimentés seront en mesure de pratiquer le rêve lucide, c'est-à-dire de rêver en pleine conscience. Dans ces moments, tout semble absolument vrai dans le rêve, on peut interagir, modifier ses actions et se souvenir de tout (voir p. 172).

LA LITHOTHÉRAPIE : UTILISEZ UN TIRAGE DE PIERRES POUR RECEVOIR CONSEILS ET GUIDANCE

Avec une aide extérieure : vous pouvez faire appel à un médium spécialisé dans les communications angéliques et les guidances. Il vous accompagnera sur ce chemin. Le chamanisme offre une ouverture incroyable sur ce monde des guides spirituels. Si vous en avez l'occasion, participez à une méditation guidée au son du tambour ou à un bain de son avec des gongs et des instruments de musique chamaniques. Profitez du voyage.

Travailler avec les 7 archanges

PAR ANNE CHALLIER

La rencontre avec nos guides et plus particulièrement avec les anges et les archanges, énergie de pure lumière céleste, nous aide à chaque instant de notre vie. Il suffit de leur demander de vous guider. Vous recevrez alors leurs vibrations d'amour infini. Ils nous protègent, éliminent nos peurs, nous guérissent et éclairent notre chemin afin de nous relier à notre âme et à notre mission de vie.

Les anges nous entourent à chaque instant. Avec un peu de pratique, peut-être pourrez-vous apercevoir leurs ailes majestueuses et ressentir leurs énergies de bienveillance.

Chaque archange est différent, ce qui confère la force pour chaque guidance :

- Raphaël est le médecin du ciel.
- Uriel nous apporte idées et solutions.
- Michael est le grand protecteur.
- Gabriel, le messager.
- Jophiel est l'archange enchanteur, il nous ouvre à la beauté de la vie.
- Raziel est l'archange des mystères.
- Zadkiel ouvre la porte de la mémoire de nos vies passées.

COMMENT FAIRE POUR LES RENCONTRER ?

Les anges adorent notre façon de les représenter : la création d'un autel angélique dans votre lieu de vie est donc recommandée. Déposez-y quelques images représentant les anges, allumez une belle bougie blanche, placez un cristal de célestine pour vous aider à vous connecter aux royaumes spirituels, et diffusez une huile essentielle de rose ou de camomille pour apaiser votre esprit et faciliter votre contact avec l'énergie angélique.

Fermez les yeux.

Respirez en imaginant que la lumière du ciel éclaire tout votre corps et votre aura.

Lâchez prise et... recevez les messages des anges.

RE-CONNAÎTRE SA MISSION DE VIE

Notre mission de vie est reliée à notre âme. Nous choisissons de revenir « dans la matière » pour progresser, évoluer et devenir conscient que nous sommes des êtres de pure lumière divine. Lors de notre naissance, nous oublions notre mémoire sacrée, nous sommes confrontés à la réalité de la vie sur Terre.

En choisissant d'aller vers un chemin qui nous relie à la spiritualité, notre âme s'éveille de nouveau, notre mission de vie peut, elle aussi, enfin s'ouvrir et, ô merveille, tout s'éclaire !

Il y a beaucoup de missions. Chacun a choisi la sienne en accord avec son âme, celle qui convient le mieux à son évolution.

Ma mission de vie est celle de la guérison. Je suis reliée à l'archange Raphaël et, à travers les vibrations cristallines de mes bols alchimiques, j'observe les peurs se débloquer, la lumière et l'harmonie entrer dans les cœurs des personnes qui viennent partager avec moi les bains de cristal, les *Sound Healing*.

Je sais maintenant, après un long parcours, que j'ai enfin trouvé la mission qui me relie à mon âme.

Je vous transmets cette prière angélique canalisée qui m'a été transmise lors d'une séance de *Healing* :

« Chers anges, chers archanges, chers guides de lumière,

Je vous appelle auprès de moi,

Merci de m'aider à ouvrir mon cœur,

Merci de me guider sur mon chemin de lumière,

J'accueille vos messages divins avec amour et gratitude,

Faites de moi votre canal de lumière,

Aidez-moi à entendre, voir ou ressentir votre guidance céleste pour que mon chemin rayonne d'une lumière d'amour infini et me conduise à la mission que je dois accomplir sur cette Terre.

De tout mon cœur, merci, merci, merci. »

Je vous souhaite de trouver votre mission. Peu importe le chemin. Nos pas sont toujours entourés de la lumière des anges.

Résidant depuis 23 ans à Santo Domingo, Anne Challier est Sound Healer. *Elle a créé son « Madame Anne Quantum Atelier ». Elle y propose des soins d'« harmonisation du corps et de l'esprit », qui nous relient à notre cordon astral, pour un voyage intérieur de la terre au ciel. www.madameanne.do*

4

NOTRE CORPS, NOTRE TEMPLE

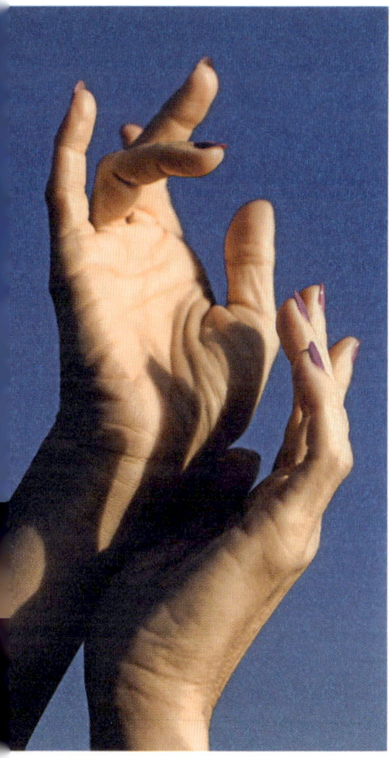

La perfection du corps humain est la manifestation de la création. Le corps est un écrin pour l'âme incarnée sur terre. Nous devons par respect pour nous-mêmes et pour la mission de vie qui nous a été confiée en prendre soin. Le premier travail est peut-être d'être conscient des extraordinaires capacités de notre organisme et d'apprendre à utiliser ce qui est à notre disposition sur les plans physique comme subtil. Un proverbe indien dit qu'il faut faire du bien à son corps pour que l'âme ait envie d'y rester.

Dans l'homme, l'infini rencontre le fini. Il est le trait d'union entre le monde matériel et le monde spirituel. Pratiquer la beauté énergétique, c'est accorder le corps et l'âme pour atteindre l'harmonie d'une vie simple, fluide, évidente. Sans corps, il n'y a pas de vie, pas d'expérience humaine. Nous ne pouvons pas rester au rang de pur esprit et négliger, voire mépriser le corps et ses exigences. Certaines traditions religieuses et spirituelles opposent corps et esprit et font des exercices spirituels une mortification. L'ascèse revêt une grande importance dans le processus de libération de l'esprit, mais elle doit, il me semble, s'accompagner de joie. Le chemin de l'intériorité passe par l'acceptation du chemin choisi et par l'attention que nous prodiguons à notre corps physique et à notre mental. Nourritures terrestres et spirituelles nous guident sur un chemin d'amour pour une vie dans la lumière.

« Le corps est le temple de l'esprit. »

SAINT PAUL

Les gestes d'attention

- **Se soigner :** se laver, prendre soin de son aspect extérieur, de sa peau, de ses vêtements. Faire le ménage chez soi. Surveiller son état de santé.
- **Se nourrir :** être attentif à son alimentation, choisir ses aliments. Pratiquer le jeûne pour purifier son corps, mais aussi pour comprendre ce que sont la faim et la soif.
- **Dormir :** pour se régénérer. Une bonne qualité de sommeil aide à la réparation cellulaire. Et rêver, rencontrer nos guides et notre inconscient, se libérer des tensions et trouver des solutions.
- **Respirer et pratiquer un exercice physique :** travailler son souffle, son prana, et sentir la vie et l'énergie circuler, nourrir chaque cellule de l'organisme.
- **Prier, méditer :** il est important de joindre le geste à la parole. La prière se vit dans la pensée mais aussi dans le corps. Joindre les mains sur le cœur, lever les paumes vers le ciel, s'incliner pour remercier, fermer les yeux pour intérioriser, laisser couler les larmes quand l'émotion est là, laisser sa voix s'exprimer dans un chant, un mantra, un rire, savoir aussi faire silence.
- **Être dans la joie, rire :** être présent à soi et au monde, être dans le plaisir de donner.

MÉDITATION AUTOUR DES CINQ SENS

Au nombre de 5, les sens font de nous des êtres multisensoriels, capables d'appréhender le monde qui nous entoure de façon empirique. Aujourd'hui, les neurosciences en déterminent 4 autres. Au toucher, au goût, à l'odorat, à la vue et à l'ouïe s'ajoutent la proprioception (capacité de positionner son corps dans l'espace), l'équilibrioception (capacité de garder son équilibre), la thermoception (le ressenti des températures) et enfin la nociception (le ressenti de la douleur).
Profitons pleinement de l'incarnation. Ressentons le plaisir d'être vivant !
Réalisez la méditation en fixant votre attention sur les cinq sens pour une totale présence à vous-même.

- Commencez par choisir le lieu de votre méditation, en intérieur ou en plein air.
- Installez-vous confortablement, assis, debout ou allongé.
- Écoutez votre respiration. Elle est de plus en plus longue, calme et profonde.
- Portez votre attention sur votre corps. Sentez vos muscles se détendre, votre front, vos joues, votre mâchoire. Vos épaules se relâchent. Vos bras sont sans contraintes. Votre bassin, vos jambes et vos pieds se libèrent de toute tension.
- Respirez.
- Inspirez, expirez, 3 fois.

LA VUE

- Inspirez, expirez.
- Ouvrez les yeux.
- Regardez autour de vous, prenez conscience de ce qui vous entoure.
- Regardez au-delà, un point fictif plus loin que l'horizon si vous êtes dans un paysage, au-delà des murs si vous êtes en intérieur. Ramenez votre attention sur quelque chose proche de vous (objet, végétal, minéral, goutte d'eau), voyez sa forme, sa couleur. Regardez cette chose comme si vous ne l'aviez jamais vue, prenez le temps de la découvrir. Restez attentif quelques instants.
- Inspirez, expirez.

LE TOUCHER

- Inspirez, expirez.
- Sentez vos mains posées sur vous, portez votre attention sur l'une d'elles, la droite ou la gauche, peu importe. Sentez sa présence, son poids, son appui, sa chaleur.
- Maintenant choisissez un doigt de cette main, bougez-le, sentez la pression qu'il exerce sur votre corps. Restez quelques instants dans la sensation.
- Inspirez, expirez.

L'OUÏE

- Inspirez, expirez.
- Fermez les yeux. Laissez venir à vous les sons qui vous entourent, ils sont la vie.
- Ils viennent et vont, sont présents puis s'éloignent. Concentrez à présent votre attention sur les bruits de votre corps, le sang dans vos veines, les battements de votre cœur, votre respiration. Inspirez, expirez. Vous suivez votre cœur, vous suivez le rythme de votre corps, vous êtes en cohérence.
- Écoutez quelques instants la paix.
- Inspirez, expirez.

L'ODORAT

- Inspirez, expirez.
- Fermez les yeux, prenez une grande inspiration. L'air entre dans vos narines, il vous apporte des odeurs familières ou inconnues, et avec ces odeurs des images, des émotions. Laissez-les venir à vous, laissez-les vous guider, ne les retenez pas.
- Maintenant sentez l'odeur de votre peau, au creux de votre coude, sur votre poignet ou dans la paume de vos mains. Vous êtes ici. Restez quelques instants dans votre présence.
- Inspirez, expirez.

LE GOÛT

- Inspirez, expirez.
- Fermez les yeux. Sentez votre langue, sa place dans votre bouche, son contact sur vos dents, votre palais, l'intérieur de vos joues. Déglutissez, goûtez votre salive, soyez attentif aux différentes zones de la langue, percevez l'amer, l'acide, le salé et le sucré.
- Goûtez quelques instants la sensation.
- Inspirez, expirez.
- Revenez au monde.

1 • Self-love

L'amour de soi est une question délicate. On nous a appris qu'il est plus important d'aimer les autres que soi-même. Or, aujourd'hui, les approches psychologiques nous disent qu'il faut d'abord s'aimer pour pouvoir aimer les autres. Il y a de quoi se perdre. Peut-on s'aimer sans être égoïste ? Cet adjectif fait écho à la notion d'ego qui apparaît comme le méchant de l'histoire. Le médecin psychiatre et écrivain Christophe André dit que « l'ego est un mal nécessaire », qu'il faut cependant équilibrer. Cette conscience de soi, la vision que nous avons de nous-mêmes est difficile à maîtriser. Pas assez d'ego pose autant de problèmes que trop. Dans une époque gouvernée par les réseaux sociaux focalisés en partie sur le regard sur soi, le désir de s'exposer, l'équilibre est fragile. Les blessures et la souffrance sont exacerbées. Pour rétablir une relation harmonieuse avec soi-même et les autres, il faut laisser de côté les jugements de valeur, les comparaisons. Il est question d'entrer en résonance avec soi-même et avec les autres.

Vivre la réalisation de soi, laisser son potentiel personnel rayonner, c'est être dans l'authenticité. C'est aussi être dans sa vie et en amour avec sa nature profonde. Il est important de s'accepter et de s'aimer. La course à la perfection est une course à l'insatisfaction. Remercions notre « véhicule terrestre » pour toutes les satisfactions qu'il nous donne. Reconnaissons quotidiennement les cadeaux sensoriels reçus de la vie et manifestons notre gratitude.

> « La création et l'amour sont les deux énergies de la vie. »
>
> **ECKHART TOLLE**

Boule d'amour

- Glissez une boule en quartz rose dans votre poche afin de vous procurer un sentiment de plénitude et de sécurité.
- Méditez avec votre boule d'amour : prenez votre boule de quartz rose dans votre main et imaginez une boule d'amour grandir dans votre cœur, voyez celle-ci grandir tellement qu'elle s'étend tout autour de vous et irradie de son énergie d'amour.

Self-love et gratitude

PAR CLAIRE ANDRÉEWITCH

Ces deux sujets me tiennent tant à cœur, dans ma vie personnelle, bien sûr, mais aussi dans ma pratique en tant que naturopathe et coach de santé et de beauté holistique. L'amour de soi, c'est notre socle pour évoluer dans la direction de nos désirs. Pour pleinement s'exprimer, pour s'épanouir, pour entretenir une relation saine avec soi et les autres... oui, pour pleinement VIVRE, c'est le fondement. Le souffle de vie qui nous offre la possibilité d'avancer, de créer et d'aimer tout court.

S'aimer ce n'est pas inné chez tout le monde, au contraire, la plupart des gens aujourd'hui ont du mal à s'aimer et à s'accepter, car ils ont évolué dans le jugement, la comparaison et la performance depuis leur plus jeune âge. C'est quelque chose qui se cultive, jour après jour. S'aimer cela s'apprend, petit à petit, en devenant intime avec soi. Et c'est ce chemin « vers soi » qui nous permet aussi de nous connaître profondément, de comprendre nos vrais besoins et nos vraies envies, et qui nous permet ainsi de prendre des décisions plus justes pour nous au quotidien.

La gratitude est une qualité fabuleuse à pratiquer, pour immédiatement se sentir mieux, pour augmenter son énergie vibratoire et sa vitalité. C'est un vrai baume pour l'âme ! Apprécier ce que l'on a, toutes nos richesses ici et maintenant, c'est dire merci à la vie et c'est la porte ouverte à encore plus de richesses. La gratitude change l'énergie en nous. Cela crée une ouverture d'esprit pour se mettre à disposition, pour donner et recevoir avec fluidité et plus on la pratique et plus cela devient naturel. Bientôt on détecte de plus en plus de richesses et de beauté dans sa vie, car tout est question d'attention et d'attitude. On choisit ce que l'on voit ou pas. On choisit d'observer et de se concentrer sur le sourire de son enfant ou les belles couleurs du ciel plutôt que la pile de linge qui s'accumule ou une conversation désagréable d'il y a une semaine. On choisit également d'apprécier ses qualités et ses capacités, plutôt que de s'autocritiquer jour après jour.

Plus on pratique la gratitude de manière générale, et plus cela aura un impact sur l'image et l'estime de soi également : c'est une question d'énergie et de conscience qui s'élève ! Peut-être que je n'aime pas la forme de mes jambes, mais je les aime profondément pour être si fortes, pour pouvoir marcher, courir, danser. Peut-être que je n'aime pas mon côté impatient, mais j'aime mon côté ambitieux et ma capacité de prendre les choses en main ou de les faire évoluer. Et s'il y a quelque chose qui me « dérange » mais que je peux faire évoluer pour mieux me servir et servir les autres, je peux prendre une décision en pleine conscience de travailler dessus avec bienveillance et sans jugement.

S'aimer et manifester de la gratitude, ce n'est pas simple si on ne l'a encore jamais expérimenté. Mais aujourd'hui, c'est le moment pour s'initier, car c'est le plus grand cadeau que vous puissiez vous faire pour être bien dans la vie. Cela demande un engagement de votre part, une envie profonde de vouloir se sentir mieux et d'évoluer dans la direction de ses rêves. C'est possible, et cela commence en vous. Chaque matin, avant de quitter mon lit, je répète des phrases soigneusement sélectionnées pour me rappeler ma propre valeur dans ce monde, ma gratitude pour ce que j'ai et ce que je souhaite faire rayonner aujourd'hui. C'est un retour à moi où je me conditionne en pleine conscience pour vivre ma journée avec plus d'alignement, d'amour et de gratitude. Je vous propose de faire la même chose : installez une courte routine matinale avant de faire quoi que ce soit d'autre, car cela va réellement mettre le ton pour votre journée. Écrivez des phrases qui deviendront vos mantras au quotidien, qu'elles puissent vous suivre et vous guider vers une énergie plus élevée. Et rappelez-vous, si nécessaire, toutes vos qualités et capacités, plusieurs fois par jour. Ce travail ne vous prendra pas longtemps, mais cela vous changera la vie pour toujours. Offrez-vous la possibilité d'une routine matinale intentionnelle, et des micro pauses dans la journée. C'est un petit investissement avec un rendement extraordinaire que vous ne regretterez jamais.

Aujourd'hui est précieux, tout comme vous. Ne l'oublions jamais.

Love

Claire

Claire Andréewitch, Naturopathie & Beauté holistique, auteure de Révélez votre Glow *aux éditions Marabout. www.claireandreewitch.com, @claireandreewitch.com*

2 • Le divin féminin

Être en bonne harmonie avec soi-même et son environnement est une quête de vie à suivre avec bienveillance et indulgence. C'est le moment de se reconnecter à son corps et à son divin féminin. Porter de l'attention à son divin féminin, c'est honorer la déesse féminine qui est en nous, c'est se reconnecter en conscience à nos cycles et nos énergies féminines pour rayonner, être en paix et en acceptation avec son corps. Le cycle de la lune (voir p. 38) devient ainsi notre grand allié, car son rythme est proche de celui des menstrues des femmes qui oscille entre 28 et 30 jours. Cette synchronicité n'est pas anodine et bien qu'elle ait été longtemps oubliée dans nos sociétés occidentales, s'y relier est important pour trouver calme et harmonie.

SE CONNECTER À LA LUNE

Parce que les femmes sont des êtres lunaires et pour se reconnecter avec son divin féminin, rien de tel que de créer du lien avec la Lune. Pour cela, il est possible de réaliser un calendrier de vos cycles en tenant un joli carnet. Vous créez ainsi un espace intime où vous marquez à votre rythme vos humeurs, vos énergies, vos visions en lien avec les différents cycles de la Lune. C'est le moment de se montrer créative et de se faire plaisir en s'adonnant, pourquoi pas, à l'art du scrapbooking, en y ajoutant images, citations, lectures et collages. Pour le calendrier lunaire, pensez bien à ajouter les différents événements lunaires et astronomiques. Pour l'espace dédié aux cycles féminins, n'ayez pas peur de le mettre à votre image, de le décorer et d'y inscrire les dates importantes, vos flux, vos émotions et vos intuitions. Ce petit carnet deviendra votre sanctuaire où vous honorerez et verrez évoluer votre féminité sacrée.

Beauté divine

PAR CARLA MATTEI BESSIERE

La beauté... Sa définition en moi a tellement changé au cours des années, de mes expériences, des vagues de ma vie, de mes émotions et de la manière dont j'ai pu regarder et traiter mon corps.

Mannequin depuis mes 15 ans, j'ai évolué dans un monde lié à la « beauté », du moins ce que je pensais être la beauté à l'époque et ce que la société en disait. Je grandissais dans ce milieu où l'on me disait belle, puisque je rentrais dans « tous les critères », dans leurs critères et dans leurs cases. Pourtant, je ne ressentais rien de tout ça à l'intérieur de moi. Et dès que je sortais de leurs cases, car je prenais 1 ou 2 kilos, alors je ne l'étais plus.

La beauté était-elle si fugace ? Si surfaite ? Si superficielle ? Juste extérieure ? Ou est-elle une énergie qui émane de l'intérieur et qui nous rend beau par sa radiance, par sa lumière, par sa vibration ? À cette époque, je ne me posais pas encore ces questions. Je faisais souffrir mon corps pour être soit-disant « belle », je ne l'écoutais pas, je ne savais même pas qu'il pouvait s'exprimer d'ailleurs.

Comment peut-on être belle en étant dissociée de ce corps qui est censé véhiculer cette même beauté ? Il est si dur dans cette société de se célébrer et de s'honorer telle que l'on est.

Je crois et j'observe que la beauté de toutes les femmes rayonne dès qu'elles rient aux éclats, dès qu'elles sont heureuses, dès qu'elles prennent du plaisir et qu'elles vibrent. Je crois qu'une personne ayant une énergie vitale qui vibre très haut nous envoûte et nous communique sa vibration.

La perfection n'existe pas et n'existera jamais. S'aimer vient de l'intérieur. Et donc la beauté aussi.

J'ai marché sur le chemin de la quête à la perfection, en pensant que la beauté consistait en cette quête, à cause de mon métier. J'ai eu recours à la chirurgie pour changer quelque chose dans mon corps, en pensant que cela m'aiderait à enfin m'aimer, à enfin me regarder avec amour et bienveillance, à me trouver BELLE. Mais cela n'a rien changé. Au contraire, je me suis détestée et j'ai éprouvé de la tristesse et des regrets.

Cette étape dans mon chemin de vie m'a donné la plus grande des leçons. J'ai pris conscience de mon erreur et appris à m'honorer et à me célébrer telle que j'étais. Sans être complètement décomplexée, j'ai pris la décision d'aimer mon corps, de le chérir et de ne plus le faire souffrir. Je me suis sentie belle le jour où j'ai nourri toutes les parties de moi qui avaient besoin d'être nourries, où je me suis alignée sur mes valeurs, sur ma vérité, où j'ai reconnu le sacré en moi et où je l'ai honoré.

J'ai réveillé la déesse en moi quand j'ai commencé à prendre soin de moi.

La beauté se trouve aussi dans les yeux de celui qui sait la regarder.

Carla Mattei Bessiere est mannequin depuis 10 ans, professeure de Yin Yoga et accompagnatrice holistique. Grâce à des techniques telles que L'EFT, la médecine de la parole ainsi que du coaching sur le plan physique et émotionnel, elle aide les personnes à trouver leur épanouissement en s'alignant sur leur propre vérité. @iamcarlamattei

RITUEL DU BAIN DE DÉESSE

PAR ALEXANDRA FRYDA MARTY

Le rituel du bain de déesse est une cérémonie d'amour envers vous-même. Un instant de magie pour honorer la déesse qui vit en vous et dans toutes les cellules de votre corps.

- Commencez par créer une atmosphère agréable dans votre salle de bains : installez des bougies, mettez un morceau de musique douce. Préparez aussi un peignoir ou un déshabillé en matière soyeuse pour honorer votre corps de déesse.
- En chantonnant, remplissez d'eau chaude votre baignoire. Nettoyez votre espace avec un bâton d'encens ou de plantes sacrées. Ajoutez dans l'eau du gros sel et quelques gouttes d'huiles essentielles aux propriétés aphrodisiaques et relaxantes : par exemple de géranium, d'ylang-ylang, de rose, de lavande ou de patchouli (les huiles essentielles ne se mélangent pas à l'eau donc, pour que votre concoction fonctionne, diluez d'abord quelques gouttes d'huiles essentielles dans une huile végétale, comme l'huile d'amande, avant de verser le tout dans votre bain).
- Déposez dans l'eau de généreuses poignées de pétales de fleurs de votre choix : rose, dahlia, pivoine. Vous pouvez aussi placer quelques cristaux ou objets qui vous inspirent autour de votre baignoire pour créer un champ vibratoire : un quartz rose, une améthyste, un coquillage.
- Déshabillez-vous de façon cérémonieuse, en prenant le temps de vous regarder dans le miroir et de complimenter votre beauté féminine à voix haute :
  J'admire mon corps de déesse. Je suis divine.
- Puis entrez dans votre bain avec grâce et délicatesse. Relaxez-vous profondément et envoyez des messages d'amour à toutes vos cellules. Passez vos mains respectueusement sur chaque partie de votre corps, réveillez votre sensualité avec douceur. Prenez tout le temps nécessaire pour vous baigner dans les vibrations d'amour que vous créez.
- Lorsque vous êtes prête, videz l'eau du bain et visualisez que l'eau emporte avec elle tout le manque d'amour que vous pourriez avoir envers vous-même.
- Puis, en sortant de votre baignoire, prenez un instant pour contempler votre beauté devant votre miroir.
- Habillez-vous avec le peignoir ou restez encore nue un moment, et achevez le rituel en récitant ce mantra de guérison :
  J'honore la déesse qui habite mon corps.
  Je fais vibrer mes cinq sens d'amour et de beauté.

- Enfin, remerciez-vous pour cette cérémonie d'amour.

Alexandra Fryda Marty anime des espaces de transmission autour du féminin sacré. Auteure de plusieurs ouvrages, elle fonde en 2020 une école de spiritualité féminine en ligne pour permettre aux femmes de renouer avec leur sagesse ancestrale. www.moonsistersparis.com

Le bain purifiant

Dans la tradition japonaise, le rituel du bain, nommé « Shinto », permet de se détendre, d'éliminer les toxines mais aussi de purifier le corps et l'esprit. Les bains de rituel n'étant pas des bains destinés à se nettoyer, il est important de se doucher, savonner et s'exfolier au préalable afin de bénéficier de tous leurs bienfaits.

3 • Rituels de beauté pour la journée

Je pratique des routines le matin et le soir. Grâce à de petites actions qui m'aident à prendre soin de moi et de mon esprit (des exercices de respiration, des automassages, une bonne hydratation, la purification, des soins de beauté naturels, un sommeil réparateur et cultiver la joie), j'accomplis de grandes preuves d'estime pour moi-même et je pose les bases d'une hygiène de vie saine. Il est nécessaire de donner à son corps une attention quotidienne et régulière, la répétition est très importante, elle permet de s'équilibrer naturellement. Il faut être persévérant afin de voir des résultats. Le corps ne connaît que les habitudes, il faut lui donner le temps de répondre à ces nouveaux messages. Ces routines nous apprennent aussi à regarder au-delà du miroir et nous aident à nous connecter à notre source divine et à nos vrais besoins.

Il y a beaucoup de choses que nous pouvons faire pour prendre soin de notre corps. Je vous propose quelques-uns de mes exercices préférés que je pratique avec joie et qui font merveille.

« Pour retrouver sa jeunesse,
il suffit d'en répéter les folies. »

OSCAR WILDE

Recette de la boisson miracle morning

« Une pomme chaque matin chasse le médecin. »
Qualifié d'élixir de jeunesse, le vinaigre de cidre présente des qualités exceptionnelles pour votre métabolisme, il favorise le renouvellement de la flore intestinale, aide l'organisme à se désintoxiquer, à mieux éliminer, stimule la digestion et en soulage certains troubles.

INGRÉDIENTS

- 1 grande tasse d'eau chaude
- 1 cuill. à soupe de vinaigre de cidre
- 2 cuill. à café de miel

RECETTE

Mélangez tous les ingrédients et buvez cette boisson chaude de préférence le matin à jeun, ou après vos exercices de méditation et respiration.

LA MÉDITATION POUR LA JEUNESSE DU VISAGE

Je vous recommande la méditation au réveil, comme votre premier réflexe beauté du matin, qu'elle soit une méditation guidée ou un exercice de respiration (en cohérence cardiaque), car elle est bien plus efficace que toutes les crèmes de beauté, et c'est simple ! La respiration consciente pendant la méditation, comme je l'ai déjà souligné (voir p. 124), réduit le stress et aide à oxygéner les cellules de votre corps, ce qui est essentiel pour vous donner un teint resplendissant. Au quotidien, le stress nous fait libérer des hormones qui empêchent le bon fonctionnement du flux sanguin cutané de l'ensemble de notre corps. Privée d'oxygène, la peau perd son éclat et sa tonicité, et c'est alors que commencent à apparaître les rides et les imperfections. La peau du cuir chevelu est aussi mise à l'épreuve et peut entraîner la chute de cheveux. La méditation ou respiration consciente, même quelques minutes par jour, favorise la détente qui sera bénéfique à la production des bonnes hormones, celles du bonheur et donc celles de la beauté. Attendez-vous à voir des résultats sur votre peau, vos cheveux et votre moral en peu de temps !

Les hormones positives pour la beauté

Le secret de beauté ultime, c'est un système endocrinien qui œuvre avec harmonie. Les glandes sécrètent les hormones qui assurent le bon fonctionnement de l'organisme. Elles agissent aussi sur notre apparence et sur notre rayonnement. Stimuler les hormones telles que la dopamine, la sérotonine, l'ocytocine et l'endorphine s'apparente à un soin de beauté ultra puissant. Le Dr Denis Lamboley, auteur et spécialiste des médecines « intégratives », explique qu'avoir des émotions positives baisse le taux de cortisol, ce qui aide à baisser le niveau d'inflammation de l'épiderme. La peau est alors moins sensible et paraît plus éclatante.

L'action des hormones sur le corps : la dopamine procure un sentiment agréable de satisfaction. La sérotonine donne un sentiment de bonheur et de bien-être. L'ocytocine, hormone de l'amour et du plaisir, fait ressentir équilibre et confiance. L'endorphine est euphorisante et sert à masquer la douleur physique.

Les synergies : l'ocytocine (attachement, bonheur, amour) et la DHEA (jeunesse et fertilité) sont des super boosters. La dopamine et la sérotonine augmentent la sécrétion de neurotransmetteurs : baisse de la sécrétion de cortisol (hormone du stress), baisse de la tension artérielle.

BREATHWORK

Comme méditation de jeunesse du visage, vous pouvez pratiquer le *Breathwork*. Les modes de vie modernes et les expériences stressantes conduisent souvent à une respiration superficielle, tendue et rapide, qui prive le corps d'oxygène et contribue à de la fatigue, de l'anxiété mais aussi au vieillissement prématuré de la peau. Le terme *Breathwork* désigne tout type de pratique respiratoire dans laquelle le contrôle conscient de la respiration peut influencer l'état mental, émotionnel ou physique d'une personne. Il existe aujourd'hui de nombreuses formes de *Breathwork*, telles que le pranayama, la cohérence cardiaque, la respiration holotropique, le ***rebirthing***... Chacune ayant sa propre méthode qui permet d'apporter lâcher prise et bien-être. Des applications, podcasts et vidéos à télécharger peuvent vous aider à pratiquer ces exercices, mais pour un résultat plus efficace, je vous conseille de suivre des cours de professionnels.

Voici une technique de *Breathwork* de Susan Oubari, fondatrice de « Breathe in Paris » (https://susanoubari.com), également appelée « Pranayama en deux temps ». Elle consiste à s'allonger sur le dos et à respirer de manière contrôlée et rythmée par la bouche pendant 30 minutes maximum. La technique combine deux inspirations et une expiration. La première inspiration se situe au niveau du ventre, la seconde dans la poitrine, et l'expiration libère le tout. Il faut environ 10 à 22 minutes d'hyperventilation volontaire contrôlée pour ralentir la partie analytique du cerveau et entrer temporairement dans un état de conscience modifié. Inspirer et expirer en pleine conscience active le système nerveux parasympathique qui permet de limiter les montées de stress face aux événements. Pendant le *Breathwork*, notre subconscient commence à se libérer sur les plans physique, mental et émotionnel, nous permettant de mieux résister au stress quotidien et d'accéder plus facilement à notre subconscient au jour le jour. La phase de respiration active est suivie d'une phase d'intégration de 15 à 30 minutes où vous revenez à une respiration naturelle par le nez. Pendant ce temps, il n'est pas rare que l'on se retrouve dans un état de transe méditative alors que le corps revient à la normale.

« Lors de séances de *Breathwork*, le corps libère des signaux cérébraux et des substances chimiques - comme l'ocytocine - qui soulagent la tension des muscles, ralentissent les organes et augmentent le flux sanguin vers le cerveau », explique Susan Oubari. Les scientifiques pensent que ces événements biologiques qui se produisent pendant la période de relaxation du *Breathwork* empêchent le corps de transformer les soucis psychologiques en inflammation physique. La peau serait ainsi mieux protégée des agressions internes, comme les poussées d'hormones de stress, dont le cortisol, ou de la dégradation du collagène qui assure la cohésion, l'élasticité et la régénération de la peau. Aussi, le système lymphatique, stimulé par une respiration profonde, collecte et élimine en plus grande quantité les toxines, comme celles qui nuisent à la peau. Celui-ci étant parfois paresseux, il est nécessaire de le booster et l'encourager. Enfin, l'intestin est considéré aujourd'hui comme le cerveau des émotions. Respirer avec l'abdomen permet de le nettoyer et libérer les sentiments néfastes à notre bien-être.

Si vous avez des problèmes de santé ou si vous êtes enceinte, veuillez consulter un médecin avant de vous engager dans une séance de *Breathwork*.

EXERCICE DE RESPIRATION ALTERNÉE

La respiration alternée s'appelle également Nadi shodhana pranayama qui signifie « la purification ». Pratiquer cette respiration régule votre métabolisme et apporte une sensation de calme et d'apaisement. Dans la tradition du yoga Kundalini, cette technique équilibre les deux hémisphères du cerveau et se pratique pour libérer l'énergie vitale.

- Asseyez-vous en position du lotus ou sur une chaise le dos bien droit. Sentez votre cou et votre tête s'étirer vers le ciel, décontractez vos épaules et posez votre main gauche sur votre genou gauche. Ce sont les doigts de la main droite qui vous aideront à boucher successivement avec le pouce la narine droite et avec l'annulaire la narine gauche.
- Respirez profondément et calmement. Lorsque vous vous sentez détendu, fermez les yeux et fixez un point entre vos deux yeux, au niveau de votre 3e œil, le chakra ajna.
- Inspirez profondément puis bouchez votre narine droite avec votre pouce droit, expirez complètement par votre narine gauche sur 8 temps et inspirez par votre narine gauche sur 5 temps. Lorsque vos poumons sont pleins, fermez les deux narines avec votre pouce et annulaire et retenez votre respiration un instant.
- Changez délicatement de côté, décollez votre pouce, laissez votre narine gauche bouchée avec l'annulaire droit et expirez complètement par votre narine droite sur 8 temps, inspirez par votre narine droite sur 5 temps. Lorsque vos poumons sont pleins, bouchez vos deux narines à l'aide de vos deux doigts et retenez votre respiration un instant.
- Rechangez délicatement de côté, décollez votre annulaire droit de votre narine gauche, laissez votre narine droite bouchée avec votre pouce droit et expirez complètement par votre narine gauche sur 8 temps, inspirez par votre narine gauche sur 5 temps et ainsi de suite. Trouvez votre rythme et changez avec douceur, chaque inspiration et expiration doivent se faire dans l'harmonie.
- Faites cet exercice entre 3 à 11 minutes, selon le temps que vous avez à vous accorder. À la fin de l'exercice, relâchez vos doigts, posez votre main droite sur votre genou droit, inspirez et expirez profondément puis revenez au monde.

BELLY SCULPTING

PAR ANAÏS JAZMINE

J'ai créé cette méthode pour obtenir un ventre plat en pleine conscience. À pratiquer le matin au réveil, en se focalisant sur le plancher pelvien.

- Pour votre première initiation, vous pouvez débuter allongé sur votre lit ou sur le sol avec un tapis. Couché sur votre lit ou sur le sol, jambes allongées, commencez simplement à inspirer par le nez et à expirer par la bouche. Prenez votre temps. Bras le long du corps, épaules basses, ne mettez aucune tension dans votre corps. Respirez au moins 3 fois. Lors de votre expiration, votre ventre continue de s'enfoncer, de s'absorber comme s'il cherchait à toucher votre colonne vertébrale.
- Puis, pliez les genoux et ramenez les talons le plus près de vos fessiers. Continuez d'inspirer et d'expirer, mais cette fois pensez à insister davantage avec la gorge et le nombril toujours hyper absorbé lors de l'expiration. Lors de la prochaine expiration, pensez à engager encore plus le périnée et pensez toujours à bien absorber le nombril, qui continue de s'enfoncer en direction de votre colonne vertébrale.
- Maintenant, posez vos mains sur le haut de vos cuisses, inspirez, expirez (insistez avec votre gorge) tout en engageant le périnée et bloquez la respiration. Vous êtes actuellement en apnée. Absorbez votre ventre : à ce moment-là, vos côtes flottantes s'ouvrent et remontent. Votre ventre est totalement absorbé. Si c'est trop difficile, conservez l'apnée sur l'inspiration quelques secondes puis expirez en engageant le périnée. Si vous avez envie d'aller plus loin, n'hésitez pas à vous mettre face à un miroir et commencez à effectuer des mouvements de vagues, comme une danse du ventre, pour vasculariser, stimuler et relancer le système digestif et lymphatique. Ressentez les énergies circuler, vous êtes en pleine conscience. C'est magique !

CONSEILS

Je vous conseille de commencer allongé pour vous habituer à ce mouvement d'absorption de ventre, puis de passer ensuite sur les genoux afin de procéder au massage des organes pour une meilleure détox. À pratiquer tous les matins 10 minutes, votre corps se réveillera en douceur et vous sentirez votre transit se mettre en marche. Soyez à jeun pour plus d'efficacité et de confort. Pour une efficacité optimale, optez pour 10 à 15 minutes de renforcement musculaire abdominal, type Pilates (voir programme sur mon site www.belly-sculpting.com).

LES MASSAGES

Le toucher est le premier sens qui se développe chez l'être humain à l'état de fœtus. Ce premier lien nous permet de prendre conscience de notre existence matérielle et de celle des autres. Il inaugure le moyen de communication et de compréhension de soi et des autres, avant même la parole. La peau étant l'organe de notre corps le plus étendu, et l'un des plus importants, de par sa superficie et sa complexité, nous pouvons aisément admettre que le toucher permet d'expérimenter toutes sortes d'émotions et fait naître en nous des sensations fortes. C'est pourquoi tant de pratiques holistiques l'utilisent à des fins thérapeutiques.

Pratiquer l'automassage en conscience, c'est cultiver l'amour de soi. Les gestes venant du cœur rayonnent au plus profond de notre être et font grandir cette énergie qui devrait être une priorité chaque jour. L'automassage, c'est renaître à sa conscience grâce à un toucher bienveillant, nous aider à nous découvrir ou à nous redécouvrir avec douceur. Lors de mes voyages autour du monde, j'ai eu la chance de pouvoir expérimenter de nombreux massages de traditions et cultures différentes. Cela m'a énormément appris sur les autres et sur moi-même. Le massage aide à se débarrasser de certains schémas psychosociaux auxquels nous sommes particulièrement soumis dans notre société occidentale, où le rapport au corps est parfois tabou et le corps délaissé ou l'objet de complexes. Ce n'est pas le cas en Asie ou en Orient où se masser et se faire masser font partie de l'hygiène de vie. Personnellement, je ressors toujours transformée d'un massage. Quel sentiment extraordinaire de faire confiance au toucher bienveillant et de permettre à l'autre de vous alléger de vos tensions. Savoir recevoir est aussi une preuve d'acceptation de soi et de recul sur ses complexes.

Dans mes massages préférés, il y a le drainage lymphatique. Le système lymphatique joue un rôle très important dans le maintien de l'immunité et dans l'élimination des toxines. C'est pourquoi il est important de le stimuler par des massages et des exercices, car la lymphe circule grâce à la pression des mouvements musculaires et de la respiration.

La douche froide et le brossage à sec

La thérapie par l'eau froide relance le système nerveux. Cette technique vient des enseignements yogiques. Prendre une douche froide ou alors arroser certaines parties de votre corps, telles que les mains, les poignets, les pieds, les aisselles… peut aider à relâcher des tensions et à baisser celles du système nerveux. Par ailleurs, l'eau froide raffermit et redonne de l'éclat en activant la circulation sanguine et le retour veineux. À faire si possible plusieurs fois par semaine et avant de vous masser le corps.

Procédez d'abord à un brossage à sec de votre corps entier. De nombreuses brosses pour le corps existent, choisissez-en une de très grande qualité : les brosses de mauvaises factures pourraient irriter votre grain de peau. Effectuez le brossage du bas vers le haut de votre corps. Une fois fini, vous pourrez appliquer un peu d'huile végétale sur votre corps, telle que l'huile d'amande douce. Procédez ensuite à la douche froide, en vous mouillant petit à petit, et massez toutes les parties en commençant par les pieds et en remontant vers votre visage avec plus de tonus.

Évitez l'eau froide pendant la période des règles.

Si vous n'avez pas l'occasion de vous faire masser par un thérapeute professionnel, alors demandez à un membre de votre famille ou à des amis et massez-les en retour, comme au japon où c'est traditionnel et courant, car le contact humain est nécessaire !

J'ai de la chance, dans mon métier de make-up artist, de masser le visage de mes modèles avant de les maquiller. Cela les relaxe, rend les traits de leur visage plus détendus et aide la peau à mieux recevoir le maquillage. C'est aussi un lien privilégié de communication d'âme à âme, un moyen de se rencontrer énergétiquement et autrement que par le sens de la vue. Nous ne sommes plus dans le jugement, parfois superficiel ou réducteur, de ce que l'on peut juste voir. C'est là précisément, lorsque nos énergies circulent, en partageant ce moment intime et révélateur, celui où l'âme est à nu, que je saurai comment mettre en valeur la beauté énergétique de la personne. Masser une personne est une vraie méditation à deux, un moment hors du temps où tout s'arrête, la personne prend du plaisir à recevoir ce soin que vous lui prodiguez et vous prenez du plaisir à donner, c'est une action valorisante des deux côtés et, outre l'action mécanique du massage qui améliore la beauté des traits du visage, la personne ressent de la joie et cette joie la rend belle. Pour rayonner, il faut vivre ces émotions qui mettent en ébullition toutes nos hormones de beauté, celles du bonheur !

L'AUTOMASSAGE DES AISSELLES

Il est essentiel de se masser soi-même tous les jours afin de garder un flux énergétique en vitalité, une belle qualité de peau, des muscles toniques qui soutiennent la peau. Une des pratiques que j'ai retenue de tous mes enseignements spirituels et yogiques, c'est le massage des aisselles : cette partie est trop souvent oubliée, pourtant s'y trouve la force vitale et c'est un carrefour de la lymphe. Il suffit de masser vos aisselles du haut vers le bas, en allant vers le cœur. Il peut se pratiquer à même la peau, à sec ou avec une huile végétale, mais aussi en étant habillé, à tout moment de la journée où vous avez besoin de relancer votre énergie. L'idéal est de le pratiquer le matin.

MASSAGES DU VISAGE AUX GUA SHA ET FACE ROLLER

L'automassage à l'aide d'une pierre **gua sha** est un geste aux bienfaits multiples, mais encore méconnu par la plupart d'entre nous. Pourtant, c'est un outil utilisé depuis des millénaires dans la médecine chinoise traditionnelle. En chinois, ***gua sha*** signifie « gratter la fièvre ou la maladie », c'est-à-dire que cette pierre élimine les maux physiques et articulaires grâce à des frottements énergétiques. Cette technique de tribo-effleurage allie acupression et lithothérapie. Elle consiste à gratter la peau pour produire de légères frictions qui favorisent la circulation du sang et des énergies tout en bénéficiant des vertus des minéraux de la pierre. En automassage du visage, elle favorise la stimulation des muscles et fascias et produit un rayonnement instantané.

Le **roller-visage** stimule et masse l'épiderme, il redonne de l'éclat. Résultat : une peau plus apaisée, décongestionnée, plus lumineuse et une meilleure pénétration des actifs cosmétiques. Se masser le visage régulièrement apporte une régénération cutanée.

Les différentes formes de gua sha

Il existe plusieurs formes de gua sha, et les plus courantes sont les cœurs et les cornes :

- **Le gua sha cœur** pour un massage des muscles et fascias lifte les traits. Résultat : une peau retendue, plus lumineuse, plus jeune, plus ferme et tonique à long terme.
- **Le gua sha corne** (muscles et fascias) a des vertus drainantes. Résultat : une peau détoxifiée et plus lumineuse.
- **Le gua sha champignon** décongestionne et apaise le contour de l'œil. Résultat : une peau plus apaisée et lumineuse.

Lavez votre gua sha à l'eau douce, après chaque utilisation, séchez-le bien et rangez-le dans sa pochette.

MASSAGE DU VISAGE

PAR SYLVIE LEFRANC

Pour moi, une femme belle et rayonnante est avant tout une femme qui s'aime. Et pour pouvoir s'aimer, une femme doit apprendre à se connaître, à honorer et à prendre soin de son visage et de son corps, à accueillir et à écouter ses émotions, à être en harmonie. Ainsi, le fait de vieillir, qui peut a priori apparaître comme un processus qui nous éloigne petit à petit de notre beauté, est en réalité un cadeau qui nous est fait, car apprendre à s'aimer prend du temps, s'aimer est un chemin. Dans ma démarche, chaque geste que j'invite mes élèves à avoir envers leur corps, chaque cosmétique que je les invite à utiliser, chaque attention que je les invite à se porter, n'ont ainsi pas pour objectif de les empêcher de vieillir pour qu'elles restent belles, mais d'apprendre à bien vieillir pour qu'elles deviennent de plus en plus belles.

Le toucher est un élément essentiel dans ce processus d'appropriation et d'amour de soi, et apprendre à masser son corps quotidiennement par des gestes conscients, doux et aimants est un merveilleux cadeau que l'on peut si facilement s'offrir et qui a un pouvoir de guérison et d'embellissement extraordinaire.

C'est l'objectif du massage que je vous présente ci-dessous, qui couvre votre buste, vos épaules, votre cou, votre nuque et votre visage. Je vous invite à le faire avec une huile de massage 100 % naturelle et biologique, ayant un parfum naturel à base d'huiles essentielles qui va parler à votre corps et à votre cœur. Vous pouvez tout à fait fabriquer cette huile vous-même (voir recette de l'huile rosa mystica, p. 168), en associant de belles huiles végétales (argan, onagre, noyau de prune, bourrache, calophylle...), et des huiles essentielles qui vont favoriser la douceur, l'apaisement et l'amour de soi (rose de Damas, lavande, jasmin, camomille...).

Le rituel ci-dessous inclut un massage du visage au gua sha. Si vous ne disposez pas de cet instrument, vous pouvez remplacer la pierre par vos doigts en ciseaux.

- Placez 2 à 3 gouttes d'huile dans le creux de votre main et frottez les paumes l'une contre l'autre pendant quelques instants pour développer la puissance aromatique de l'huile et l'imprégner de votre énergie.
- Placez vos mains en miroir devant votre visage et prenez de profondes respirations abdominales en sentant que vous pouvez ainsi détendre petit à petit l'ensemble de votre corps. Puis déposez vos deux mains, l'une sur l'autre, sur votre sternum, et accompagnez vos trois respirations suivantes en pressant délicatement vos mains sur votre sternum sur chaque expiration.
- Laissez ensuite vos mains glisser alternativement du sternum vers l'épaule, la main droite allant vers l'épaule gauche et la main gauche vers l'épaule droite. Faites 3 mouvements

de chaque côté, en commençant par un toucher léger et en augmentant la pression du toucher petit à petit.

- Placez votre main droite sur le devant de votre épaule gauche et faites 6 mouvements circulaires de la main droite autour de l'épaule gauche, la main remontant au-dessus de l'épaule vers la nuque et redescendant par le côté. Faites la même chose pour l'épaule droite avec la main gauche.
- Placez la main droite verticalement sous l'oreille gauche, bout des doigts vers l'oreille. Laissez la main descendre délicatement le long du sterno-cléido-mastoïdien jusqu'à la clavicule, puis contournez l'épaule avec la main, et remontez le long de la nuque avec un toucher plus appuyé. Recommencez 5 fois cette manipulation. Faites la même chose de l'autre côté, main gauche sous l'oreille droite.
- Placez vos mains à l'horizontale au-dessus de la poitrine, bout des doigts orienté vers le sternum. Faites 36 mouvements circulaires vers l'extérieur des mains autour des seins, puis 28 mouvements circulaires vers l'intérieur.
- Reprenez quelques gouttes d'huile dans une main et répartissez-les uniformément à l'intérieur des paumes, puis parcourez le cou et le visage par de doux mouvements de pression des mains.
- Placez le bout des doigts sous les pommettes, juste devant les oreilles, en haut du muscle masséter. Effectuez des mouvements circulaires doux, en descendant le long du masséter de la pommette jusqu'à la mâchoire inférieure, puis remontez le long du masséter, de la mâchoire inférieure à la pommette, en effectuant des pressions fermes avec l'index, le majeur et l'annulaire joints. Recommencez le parcours 2 fois.
- Placez le bout des doigts sous les commissures des lèvres, en haut du muscle abaisseur de l'angle de la bouche. Effectuez des mouvements circulaires doux en descendant le long de l'abaisseur des commissures jusqu'à la mâchoire inférieure, de part et d'autre du menton. Puis, remontez le long de l'abaisseur de la mâchoire inférieure aux commissures en effectuant des pressions fermes avec l'index, le majeur et l'annulaire joints. Recommencez le parcours 2 fois.
- Placez ensuite les mains à l'horizontale au-dessus des sourcils, et laissez-les remonter alternativement le long du muscle frontal des sourcils jusqu'à la ligne des cheveux. Vous pouvez accompagner chaque mouvement ascendant d'une expiration. Puis, placez le bout des doigts des 2 mains de part et d'autre des rides du front et avec une pression douce, laissez les doigts s'écarter verticalement de manière à étirer chacune des rides. Placez enfin les index, majeurs et annulaires entre les sourcils, et les bouts des pouces sur les tempes. Inspirez et, sur l'expiration, étirez doucement les sourcils vers les tempes avec les index, majeurs et annulaires. Recommencez 2 fois.
- Placez le bout des index dans le petit creux situé de part et d'autre du nez à côté du coin interne de l'œil. Pressez délicatement le point et faites 6 mouvements circulaires du bout de l'index sur le point. Placez ensuite le bout des pouces dans les petits creux très nets

situés au niveau de l'arcade sourcilière, à la naissance du sourcil et du nez, à côté du coin interne de l'œil. Pressez délicatement le point et faites 6 mouvements circulaires du bout des pouces sur le point. Maintenez les sourcils avec les index afin d'éviter de plisser le front.

- Repérez chaque ride d'expression sur les tempes et sous la paupière inférieure et étirez-la délicatement entre les doigts des deux mains. Réalisez 3 légers étirements par ride d'expression. Puis, avec les tranches intérieures des pouces, lissez la paupière inférieure fixe du centre vers l'extérieur. 3 fois en tout. Faites la même chose pour la paupière supérieure fixe. Déposez enfin vos index dans le petit creux situé à l'extérieur du coin externe de l'œil, à la naissance de la tempe. Réalisez 6 mouvements circulaires simultanés sur ces points.
- Saisissez maintenant simultanément vos lèvres supérieure et inférieure entre les pouces et index des 2 mains et tout en promenant alternativement les doigts d'une commissure à l'autre. Faites un mouvement d'étirement des lèvres vers l'avant comme si vous souhaitiez étirer la largeur de vos lèvres. Faites 3 allers-retours en tout. Placez enfin les extrémités des index sur les points d'acupression situés de chaque côté des commissures des lèvres et, tout en exerçant une pression ferme, faites 6 mouvements circulaires du bout des doigts.
- Croisez les bras sur la poitrine et déposez le bout des doigts au-dessus des clavicules (bout des doigts de la main droite au-dessus de la clavicule gauche et réciproquement), puis pompez, c'est-à-dire appuyez avec le bout des doigts et relâchez, 3 fois.

DRAINAGE LYMPHATIQUE
AU GUA SHA

PAR SYLVIE LEFRANC

La gestuelle vous est décrite pour la partie droite du visage, et est à reproduire ensuite sur la partie gauche.

- Prenez votre gua sha et réchauffez-le en le passant notamment sous l'eau chaude du robinet. Placez-le verticalement côté cœur sous l'oreille droite, et laissez-le glisser le long de la partie verticale de la mâchoire inférieure. Répétez encore 2 fois le geste.
- Placez votre gua sha verticalement sous l'oreille droite, et laissez-le glisser maintenant le long du muscle sterno-cléido-mastoïdien jusqu'aux clavicules. Répétez 2 fois.
- Placez le gua sha au milieu du menton, la forme cœur vers l'intérieur de façon à placer l'ovale du visage entre les ailes du cœur. Le gua sha est à plat autant que possible. Faites-le glisser doucement, en longeant la mâchoire inférieure jusque sous l'oreille. Recommencez 2 fois.
- Placez le gua sha à la verticale, la grande partie plate à côté de la bouche, en cœur inversé. En veillant à bien passer sous votre pommette, laissez-le glisser de votre bouche vers votre oreille. Recommencez 2 fois.
- Placez votre gua sha à l'horizontale, ailes du cœur orientées vers votre nez et la longue partie plate vers le haut afin de placer l'os de votre pommette dans l'angle du gua sha. Laissez-le glisser en contournant votre pommette jusqu'à votre tempe. Recommencez 2 fois.
- Placez votre gua sha à la verticale, ailes du cœur sous les cils de votre paupière inférieure. Avec un toucher extrêmement léger, faites-le glisser vers votre tempe. Recommencez 2 fois.
- Placez votre gua sha à l'horizontale, ailes du cœur orientées vers le centre de vos sourcils, la longue partie plate vers le haut, afin de placer l'os de votre arcade sourcilière dans l'angle du gua sha. Laissez-le glisser le long de l'arcade sourcilière jusqu'à la tempe.
- Placez enfin votre gua sha horizontalement à plat sur le front, grande partie plate au-dessus des sourcils. En exerçant une pression douce, laissez-le glisser doucement jusqu'à la tempe. Faites-le pivoter afin de le placer sur la tranche et laissez-le glisser doucement le long du côté de votre visage jusque sous les oreilles. Replacez enfin votre gua sha sous l'oreille et laissez-le glisser le long du cou jusqu'à la clavicule.

Sylvie Lefranc est la créatrice d'une méthode de yoga du visage originale. Auteure de nombreux livres également sur le sujet, elle enseigne aujourd'hui avec passion des techniques douces et conscientes afin de permettre à chacun de développer et de garder une peau rayonnante et un visage resplendissant. www.sylvielefranc.fr

Mouvements d'automassage du visage à suivre à l'aide d'une pierre.
Commencez les mouvements du bas du visage en remontant vers le haut du front.

LES PIERRES DE BEAUTÉ

Chaque pierre doit être choisie avec soin pour ses bienfaits sur la beauté. Il est nécessaire de s'accorder 2 minutes de rituel quotidien pour retrouver éclat et tonus : appliquez une huile de massage et suivez les mouvements que je vous propose (voir dessin) afin de révéler l'éclat de votre visage. Pour un massage harmonieux, je recommande d'utiliser des huiles végétales biologiques telles que le jojoba, l'amande douce ou l'huile de coco. À titre personnel, ma pierre fétiche est l'**obsidienne noire**.

Le quartz rose

Le quartz rose est la pierre de la beauté et de la douceur absolue. Il est reconnu depuis des millénaires pour ses vertus anti-âge et raffermissantes. Il stimule la circulation sanguine et le système lymphatique. La pierre de quartz rose régénère et apaise l'épiderme. Le manganèse, contenu dans cette pierre, est antioxydant et réparateur, il intervient dans le processus de réparation des tissus cutanés.

Le cristal de roche

Il amplifie notre lumière intérieure et diffuse notre beauté, en redonnant vitalité à l'épiderme. C'est la pierre du « glow » absolu.

L'améthyste

Les vertus de l'améthyste sur la peau sont apaisantes et purifiantes. On l'utilise contre les problèmes de peau et elle soulage les inflammations. Elle est riche en oxygène, qui revitalise la peau en lui apportant l'air dont elle a besoin pour mieux respirer.

L'obsidienne noire

Elle favorise la régénération et la cicatrisation de la peau. Grâce à la silice qu'elle contient, l'obsidienne noire booste la production de collagène.

Conseils d'entretien et de purification des cristaux

Il faut savoir que chaque cristal va se décharger au fur et à mesure de son utilisation, perdant peu à peu son éclat et sa lumière. Il est donc nécessaire de les nettoyer et de les purifier régulièrement afin de bénéficier de leurs meilleures vertus (voir p. 177).

- Après chaque utilisation, lavez délicatement les outils de massage avec un savon doux. Vous pouvez les purifier par l'eau, par la fumigation ou par l'exposition à la lune ou au soleil.
- Plongez votre objet de massage (sauf les rollers) dans un récipient d'eau douce (sans sel, car il déminéralise les cristaux et les fatigue) pendant quelques heures ou toute la nuit. Rincez-le, mentalisez la libération des énergies, puis essuyez-le avec amour.
- Allumez une bougie et formulez une intention. Placez le bâton de palo santo ou de sauge dans la flamme et, lorsqu'il brûle suffisamment, soufflez dessus. Enveloppez-vous de la fumée subtile, puis purifiez votre cristal.
- Une fois par mois : pour les recharger en énergies positives, placez vos outils et/ou cristaux soit sous les rayons de la pleine lune toute la nuit soit quelques heures sous les rayons du soleil afin de ne pas altérer leur couleur.

Le jade blanc

Pierre de la sagesse et de la pureté, il harmonise et équilibre la peau. Il a un effet décongestionnant et apaisant. Le magnésium et le silicium contenus dans le jade blanc redonnent vitalité et éclat à la peau.

Le jade vert

Symbole de vie éternelle, c'est une pierre sacrée, empreinte de mystère, qui favorise la force vitale. Cette pierre impériale stimule le renouvellement cellulaire, améliore la tonicité de la peau et aide l'épiderme à se réguler et se purifier. Pierre de guérison, elle contribue à l'élimination des toxines et améliore la cicatrisation.

Le lapis-lazuli

Il est la pierre de la sagesse et de la réussite. Ses effets astringents et tonifiants lui confèrent des vertus thérapeutiques dans le traitement des problèmes de peau. Il contient de l'oxygène et du soufre dans sa structure chimique. Le soufre est un sébo-régulateur antibactérien très efficace.

L'œil-de-tigre

C'est une pierre protectrice qui booste l'énergie vitale. Elle réduit les marques du temps en activant l'oxygénation et la régénération cutanées. Sa haute teneur en dioxyde de silicium stimule la formation des fibres de collagène et maintient l'hydratation des tissus.

L'amazonite

Grâce à son apport en calcium, très efficace pour lutter contre l'acné et autres infections, elle rend la peau plus forte et active le système lymphatique.

La calcite bleue

Pierre de la relaxation et de la récupération, elle apporte sérénité et paix intérieure. Riche en carbonate de calcium, elle apaise les peaux sensibles.

Le bian

Pierre naturelle reconnue pour ses vertus thérapeutiques, drainantes et détoxifiantes. Elle contient le plus de minéraux différents, 30 en tout, qui interagissent directement avec les cellules de notre peau. En contact avec la peau, elle émet des ultrasons qui permettent d'améliorer l'oxygénation du flux sanguin de nos cellules et soulagent les douleurs musculaires. Son taux vibratoire unique engendre un rayonnement infrarouge qui accélère la régénération du tissu cellulaire, réduit les toxines, améliore la qualité de la peau et l'aspect de la cellulite.

LE FACE MAPPING

Pour aller plus loin, le face mapping, issu de la médecine traditionnelle chinoise, permet d'analyser les raisons des imperfections survenues sur notre visage. Il nous donne l'occasion de faire un point sur nos besoins et d'analyser nos éventuels excès. Selon la médecine chinoise, chaque zone du visage correspond à la réponse d'un organe.

À partir de là, il s'agit d'apaiser l'inflammation en s'occupant de l'organe concerné, en massant le méridien qui lui correspond et en suivant un rééquilibrage de ses habitudes.

Pour reconnaître les messages que votre visage vous envoie, vous pouvez faire appel à cette carte de localisation de vos organes ci-contre.

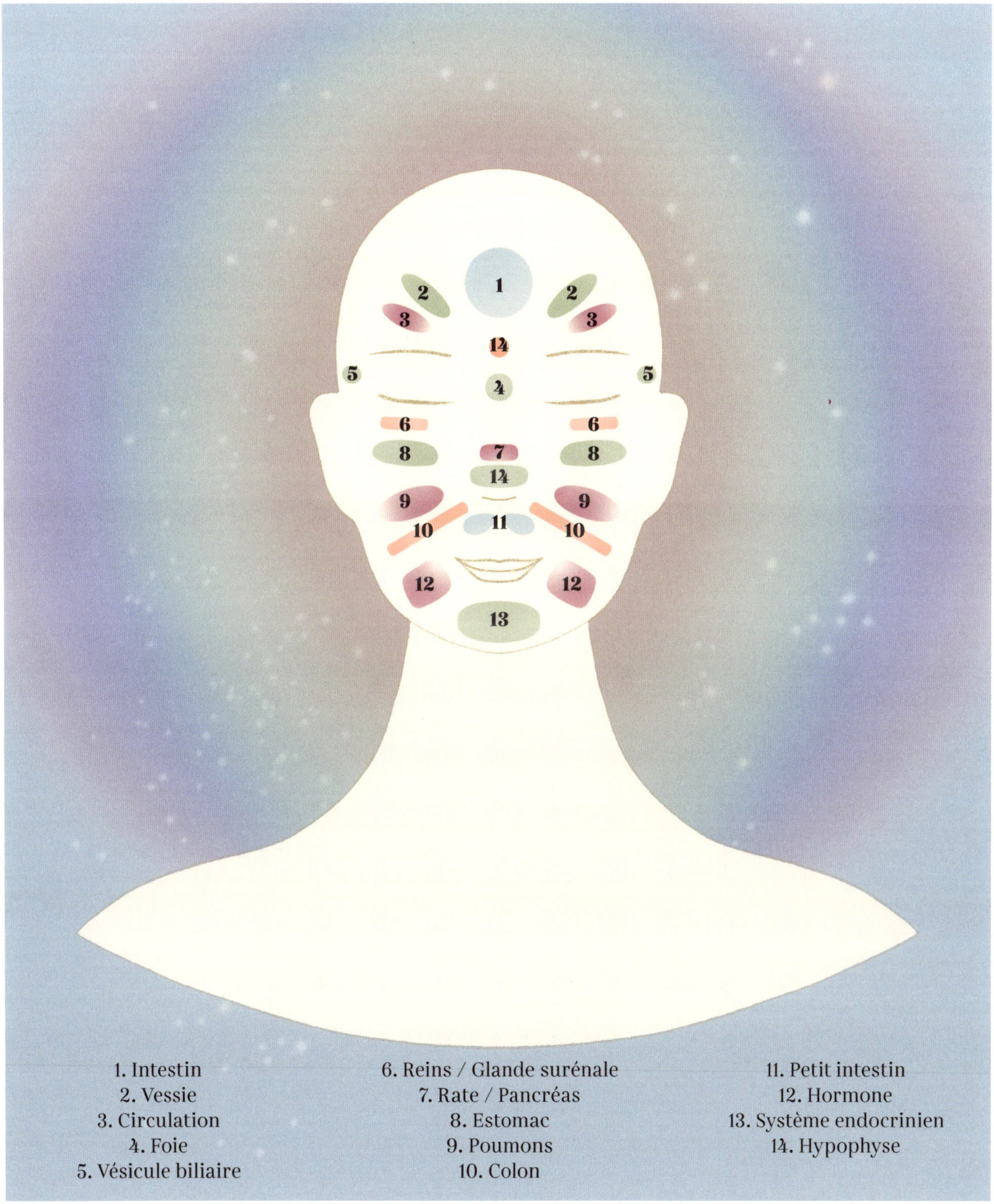
1. Intestin
2. Vessie
3. Circulation
4. Foie
5. Vésicule biliaire
6. Reins / Glande surénale
7. Rate / Pancréas
8. Estomac
9. Poumons
10. Colon
11. Petit intestin
12. Hormone
13. Système endocrinien
14. Hypophyse

RITUEL
DU SOIR
PAR SARINA LAVAGNE

Saviez-vous que pour avoir une belle peau, la routine du soir est plus importante que celle du matin ? Eh oui ! C'est pendant la nuit que la peau élimine les toxines et se régénère. C'est donc le moment où elle est le plus propice aux soins pour se recharger en éléments vitaux. Et pendant la journée, votre épiderme a accumulé un grand nombre d'impuretés. Il va donc falloir le nettoyer avec attention pour qu'il respire et puisse absorber les soins. Juste avant de dormir, ce soin peut être transformé en rituel de détente. Il suffit seulement de 8 minutes chaque soir, et cela change tout !

Voici ma routine du soir :

- Le double nettoyage (avec 2 étapes complémentaires donc) : pour se débarrasser du maquillage, de la pollution des villes, auxquels s'ajoutent le sébum et la transpiration, il faut commencer par utiliser un corps gras. Donc choisissez une huile (liquide ou en baume) à appliquer par de doux massages, du bout des doigts, sur le visage. Rincez délicatement à l'eau tiède, essuyez à l'aide d'un coton doux ou mieux de lingettes lavables. Ensuite vient le nettoyant. Choisissez une formule douce, gel ou mousse à nettoyer à l'eau douce. Cette étape retire les dernières impuretés et le fin film gras déposé précédemment.
(En été, j'utilise une eau florale pour rafraîchir la peau et resserrer les pores tout en faisant partir les filtres des protections solaires que j'ai appliquées pour me protéger.)
Libérée des impuretés, la peau respire. Elle est maintenant prête à recevoir les soins nutritifs indispensables pour retrouver sa beauté originelle pendant la nuit.
- C'est le moment d'appliquer le sérum qui viendra nourrir ma peau pendant mon sommeil. Quelques gouttes suffisent. En fonction des besoins de ma peau, j'alterne des formules qui contiennent : vitamine C en été pour réparer les dommages du soleil, acide hyaluronique quand j'ai besoin d'hydratation ou acide salicylique de façon ciblée en cas d'imperfections à éliminer.
- Quand le sérum a été bien absorbé, j'hydrate et je repulpe ma peau avec, en alternance, soit un masque de nuit, soit une huile naturelle (type huile de rose ou de camélia). Le masque hydrate ma peau et lui donne une belle mine, l'huile rend la peau lisse et souple. Je les applique en quelques gestes avant d'attaquer la dernière étape de ma routine.

- **Le massage au roller de jade.** Pourquoi est-il essentiel d'associer quotidiennement ce geste de massage du visage aux soins ? Notez d'abord que le roller de jade est plus facile à utiliser pour les débutantes et les pressées (comme moi) que le gua sha. Son 1er bénéfice est d'apporter le fameux « glow » tant recherché et qui vient de la stimulation de la peau : par son action drainante, le roller fait mieux circuler le sang, qui apporte les micronutriments nourrissant la peau, tout en favorisant l'évacuation des toxines. Ensuite, c'est un vrai soutien de la structure générale du visage. Grâce à ses massages remodelants, qui affinent les traits, il raffermit la peau et améliore son élasticité. Surtout, fini les tensions qui crispent le visage et créent des rides : réalisez que notre visage est constamment en mouvement et contraction, même la nuit ! Nos muscles en action créent des sillons qui deviendront des rides. Grâce aux massages par le roller de jade, les fibroblastes sont réveillés et produisent plus de collagène, les muscles sont lissés en profondeur (comme repassés), et donc la formation des rides est ralentie.

Convaincue ? Allez ! passez à l'action avec ce petit rituel de massage :
Après avoir appliqué votre huile ou masque de nuit, maintenez en douceur un côté du visage, avec la tranche de la main.

- 1er geste : le drainage. Partez des oreilles pour descendre en douceur jusqu'aux clavicules. Cela va permettre de libérer les toxines stockées dans les ganglions, relancer la lymphe et donc la microcirculation.
- 2e geste : posez à plat le roller à l'intérieur du visage sous la pommette et remontez vers la tempe pour lisser et lifter cette partie.
- 3e geste : déposez le roller à la base du front et faites-le remonter en douceur jusqu'à la racine des cheveux, pour lisser les rides du front.

Chaque geste est à répéter 3 fois au moins. Profitez-en pour faire une courte relaxation : respirez lentement et concentrez-vous sur le geste pour faire le vide dans votre esprit. Ommmmmmm....

Maintenant, vous savez tout, donc accordez-vous de belles nuits de sommeil et vous pouvez être sûre de rayonner toute l'année...

Sarina Lavagne est fondatrice des marques de beauté « Prescription Lab » et « Lightstones Cosmetics » (@lightstonescosmetic, https://lightstones.fr) et auteure du Beauty Book *et de* Sorcière moderne *avec Charlotte Daubet.*

RECETTES SANTÉ ET BEAUTÉ

HUILE ROSA MYSTICA

Avec cette huile précieuse, la rose vous fait don de son amour infini. Sa haute fréquence vibratoire entre en synergie avec celle du quartz rose. Euphorisante et antirides, elle harmonise corps et âme pour transcender votre beauté éternelle. Son voile protecteur régénère votre épiderme et lui offre apaisement, nutrition et éclat.

Ingrédients

- 25 ml d'huile végétale de rosier musqué (Rosa Mosqueta)
- 25 ml d'huile de jojoba
- 5 gouttes d'huile essentielle de rose de Damas
- En option, vous pouvez ajouter 1 goutte d'huile essentielle de patchouli ou de santal, pour la fragrance et pour l'effet anti-âge
- Un ou plusieurs quartz roses roulés (voir p. 178)
- 1 bouteille en verre fumé de 50 ml
- 1 rose fraîche
- 1 dessin d'une fleur de vie

Recette

Commencez par désinfecter votre bouteille, avec de l'alcool ou en la stérilisant. Versez l'huile de rosier musqué, puis celle de jojoba et laissez tomber les 5 gouttes d'huile essentielle de rose avec, si vous le souhaitez, la goutte d'huile essentielle de patchouli ou de santal.

Fermez le flacon et agitez-le délicatement pour réaliser le mélange des huiles.

Posez le flacon à l'abri de la lumière, sur la fleur vie, et disposez autour les pétales de rose fraîche et le ou les cristaux de quartz rose. Laissez l'huile se dynamiser ainsi pendant 7 jours.

Conseils d'utilisation

Elle s'utilise en massages manuels matin et soir ou avec un gua sha pour un effet raffermissant. Vérifiez avant que vous n'êtes pas allergique à la rose.

MIEL AUX ESSENCES

Le miel est une source de molécules antibactériennes dont le méthylglyoxal qui a pour propriété d'empêcher les bactéries de se fixer. Ce qui fait du miel un excellent soin préventif.

Pour cette recette, utilisez de préférence un miel de thym, de sapin, d'eucalyptus ou de manuka, ce dernier étant le plus concentré en méthylglyoxal.

Le miel est recommandé pour lutter contre la fatigue, les maux de gorge et les infections respiratoires et de la peau.

À ce nectar des dieux, j'ai ajouté les huiles essentielles de ravintsara et de tea tree.

Le ravintsara est une plante antibactérienne et antivirale puissante, utile dans de nombreux domaines. Ravintsara signifie « bonne à tout » en malgache.

L'huile de tea tree (arbre à thé) lutte contre de nombreuses infections, elle est immunostimulante et antibactérienne à large spectre, anti-inflammatoire et cicatrisante.

Ces trois ingrédients puissants réunis créent une synergie d'essences ultra efficace dans les coups durs. Cette recette peut être dégustée en mini cure de quelques jours, 3 à 4 jours en période de fatigue et de baisse de moral, ou bien utilisée en masque de beauté purifiant et cicatrisant.

Ingrédients

- 2 cuill. à café de miel de manuka
- 1 goutte d'huile essentielle de ravintsara
- 1 goutte d'huile essentielle de tea tree

À déguster

Placez dans un petit récipient les 2 cuillères à café de miel (ici du miel de manuka, sinon le miel de votre choix), puis versez 1 goutte d'huile essentielle de ravintsara et 1 goutte de tea tree. Émulsionnez le mélange avec votre petite cuillère, en veillant bien à mélanger le tout. Lorsque votre mélange est bien onctueux, vous pouvez déguster une cuillère le matin et une cuillère dans la journée, pendant 3 à 4 jours.

En masque

Déposez dans un récipient les 2 cuillères de miel de manuka, laissez tomber une goutte d'huile essentielle de ravintsara et une goutte d'huile essentielle de tea tree. Mélangez le tout et appliquez le miel aux essences, à l'aide de la cuillère ou d'un pinceau, sur tout votre visage en évitant le contour de l'œil.

Laissez poser 20 minutes et retirez délicatement le miel de votre visage à l'aide d'un linge humide tiède. Pour parfaire le soin, pulvérisez une eau florale apaisante.

Le manuka

Le miel de manuka provient d'un arbrisseau aux fleurs odorantes qui ne pousse qu'à l'état sauvage en Nouvelle-Zélande. Cet or des abeilles est utilisé par les guérisseurs Maoris depuis des siècles et fait partie des végétaux les plus efficaces de la pharmacopée traditionnelle. Il est reconnu pour ses qualités nutritionnelles, thérapeutiques et ses bienfaits sur le système immunitaire. Je vous conseille d'acheter un miel de manuka authentique qui vient exclusivement de Nouvelle-Zélande et qui contient la plus forte concentration de méthylglyoxal (MGO) possible. Vous trouverez cette information sur les pots de miel sous la forme de l'indice IAA®, « Indice d'Activité Antibactérienne ».

SOIN À L'ALOÉ VÉRA

Lorsque vous voulez apaiser votre épiderme et le régénérer, rien de mieux que d'utiliser les feuilles fraîches de l'aloé véra. Cette plante, aux vertus anti-inflammatoires et assainissantes, hydrate, répare et restaure le film hydrolipidique de la peau. J'aime l'utiliser directement en feuille dans son état naturel, c'est sous cette forme qu'il est le plus concentré. Lorsque l'on coupe sa feuille, on peut observer deux substances : une substance épaisse un peu jaunâtre et un gel blanchâtre. Le gel est riche en eau, minéraux et vitamines. Un vrai cocktail de jouvence pour tous les épidermes, même les plus sensibles !

Application

Afin de pouvoir utiliser le gel issu directement de la feuille d'aloé véra, découpez-en plusieurs morceaux et tranchez chaque morceau en deux de façon à pouvoir appliquer sur votre peau le gel qui est contenu en leur centre.

Prenez un morceau coupé en deux et frottez-le délicatement sur l'ensemble de votre visage propre.

Laissez le surplus le temps d'une pause de 20 minutes, ou bien appliquez-le en soin SOS toute une nuit.

Pour un effet décongestionnant, frais et apaisant sur la peau, conservez les feuilles d'aloé véra dans un récipient au réfrigérateur. Il est possible aussi d'appliquer de l'aloé véra frais comme un sérum avant sa crème de soin. En cas de brûlure, appliquez le gel plusieurs fois par jour si besoin.

5 • Le sommeil et les rêves lucides

Le sommeil et les rêves ont toujours fasciné les hommes. Dans la mythologie grecque, Hypnos, frère jumeau de Thanatos, la mort, personnifie le sommeil, et son fils, Morphée, le rêve. Hypnos ouvre les portes d'un autre monde où tout peut arriver, le meilleur comme le pire. Nous balançons entre le désir de ne pas émerger d'un doux rêve et la crainte de s'endormir pour faire face à nos cauchemars.

Pour bien rêver, il faut bien dormir, et bien dormir pour bien vivre. C'est pendant la nuit que les cellules de notre corps se réparent et se régénèrent. Un déséquilibre du sommeil conduit à des situations de stress, de dépression, de surpoids. Quand on a une dette de sommeil, il est important de la rattraper le jour même. Les bienfaits de la sieste sont reconnus. Prenez le temps de vous reposer 20 minutes pour récupérer. Le sommeil se rééduque en préparant notamment l'endormissement. Créez un climat favorable : dîner léger, chambre rangée, température aux alentours de 18 degrés. Évitez les écrans. Pensez aux tisanes, à la mélatonine, à la sonothérapie et à la méditation.

Agissez rapidement si vous avez des difficultés. Ne laissez pas le problème s'installer et la fatigue prendre le dessus.

ATTIRER LES RÊVES

Afin d'attirer les rêves le soir, je me concentre sur la flamme d'une bougie bleue, je fais appel à sa sagesse et je lui demande :

« Inspire-moi, montre-moi le chemin vers ma perception intérieure, libère-moi de toutes pensées limitantes. Je te remercie d'éclairer ma nuit. »

Après l'avoir remerciée pour sa guidance, je l'éteins à l'aide d'un éteignoir.

> « L'homme ne pourra jamais cesser de rêver. Le rêve est la nourriture de l'âme comme les aliments sont la nourriture du corps. »
>
> **PAULO COELHO**

Boisson de rêves lucides

C'est une boisson que je prends 1 heure avant d'aller me coucher pour m'aider à apaiser l'agitation mentale et me préparer à une belle nuit et un sommeil réparateur.

INGRÉDIENTS

- 1 grande tasse d'eau chaude
- 1 pincée de fleur de mauve séchée
- 2 pincées de feuille de verveine séchée
- 5 gouttes d'huile de CBD hydrosoluble à 5 %

RECETTE

- Faites infuser les fleurs de mauve et les feuilles de verveine pendant 5 minutes dans une théière.
- Versez l'infusion dans une tasse et dispersez les gouttes d'huile de CBD.
- Buvez dans le calme votre tisane de rêves lucides.

RÊVE LUCIDE :
LE YOGA DU SOMMEIL

PAR POLA VON GRÜT

Qu'est-ce que le rêve lucide ? C'est un rêve où vous savez que vous êtes en train de dormir. Pour être précis, c'est un rêve que vous faites en conscience. Mais comment est-il possible d'être conscient dans un moment où nous sommes dans les abysses de notre inconscient ? Faire un rêve lucide s'apparente beaucoup à une session d'hypnothérapie, quand l'hypnothérapeute « plante » dans l'inconscient une graine de conscience qui vise à guérir une partie de la psyché. Mais la différence, c'est que dans le rêve lucide, vous êtes votre propre hypnothérapeute ! Vous pouvez ainsi plonger dans votre inconscient chaque nuit et apporter la lumière de la conscience pour arrêter des addictions, guérir des traumas, développer votre pratique spirituelle, voler même !
J'ai eu la chance de pouvoir « méditer » en rêve et l'expérience fut profondément régénératrice. Et détrompez-vous : le rêve en conscience n'est pas une technique de « contrôle » de l'inconscient, mais plutôt une façon de développer une relation bienveillante avec votre « ombre », cette partie de vous-même que vous ignorez et qui pourtant vous constitue et dicte certains de vos comportements. Saviez-vous d'ailleurs que les bouddhistes appellent le rêve lucide, le « yoga du sommeil » ? Oui, la bonne nouvelle, c'est qu'il existe tout un ensemble de pratiques qui vous permettent de développer cette faculté.

Pour développer une pratique de rêve lucide, vous devez commencer par vous souvenir de vos rêves. En vous intéressant à vos nuits, vous enverrez le message à votre inconscient que les rêves que vous faites le soir sont « importants », qu'ils ont un message à vous délivrer.

Pour vous souvenir de vos rêves, vous devez :

- Poser l'intention de vous souvenir de vos rêves avant d'aller dormir. Cela a l'air simple, mais c'est fondamental d'avoir une intention.
- Vous demander « pourquoi » vous voulez développer la technique du rêve lucide, car la motivation est une clé essentielle. Que souhaitez-vous explorer dans votre inconscient ?
- Garder un carnet sur votre table de nuit qui sera utilisé exclusivement pour noter vos rêves.

- Vous accorder 5 minutes pour noter vos rêves et tenter de les interpréter, en vous réveillant le matin. Même si vous ne vous souvenez pas de ce qui s'est passé pendant la nuit, tenez ce carnet.

C'est la pratique journalière qui vous permettra de développer votre mémoire onirique. Au bout de quelques semaines, vous verrez que votre mémoire des rêves commence à s'améliorer et c'est là que vous pourrez mettre en pratique cette technique qui favorise le rêve lucide.

Pour mémo, nous avons tous un même cycle de sommeil :

- L'état hypnagogique, où nous sommes dans un état de transe lors de l'assoupissement.
- Le sommeil léger.
- Le sommeil profond.
- L'état de rêve.
- L'état hypnopompe, où nous sortons du sommeil.

Technique pour favoriser le rêve lucide :

- Faites sonner un réveil au bout de 4h30-5h de sommeil.
- Notez vos rêves.
- Recouchez-vous, et pendant la phase hypnagogique, c'est-à-dire lorsque vous êtes en train de vous assoupir, répétez 21 fois : « La prochaine fois que je serai en train de rêver, je saurai que je suis dans un rêve. »

Il se peut que cela ne se passe pas comme prévu la première fois, mais essayez de répéter cette technique 2 fois dans une semaine, tout en maintenant votre journal des rêves. Persévérez et profitez de ce processus, vous verrez que vous serez en mesure de faire des rêves lucides !

Pour aller plus loin, je vous conseille de lire les livres de Charlie Morley, qui m'a introduite à la pratique du rêve lucide.

Pola Von Grüt est artiste, auteure et astrologue. Sa passion pour l'astrologie s'est révélée alors qu'elle se consacrait à la communication web. Le chemin vers sa véritable mission de vie a commencé lorsqu'elle a intégré The Faculty of Astrological Studies, à Londres. Ce cheminement lui a permis de comprendre ce qu'est l'astrologie : un outil puissant qui aide les gens à se comprendre et à comprendre les autres avec tolérance. https://www.vongrut.com, @pola_von_grut

5

LES OUTILS DE GUIDANCE

1 • Les cristaux, source d'énergie

Depuis la nuit des temps, l'homme reconnaît l'influence des cristaux sur son bien-être et les utilise pour leurs propriétés curatives. Tous les cristaux vibrent : ce sont des groupes d'atomes et les particules de ces atomes (protons, neutrons, électrons) dégagent des énergies qui émettent des vibrations subtiles. Nous les retrouvons aujourd'hui absolument partout, que ce soit dans les technologies de pointe (écrans, téléphones, montres à quartz, imagerie médicale, laser, etc.), le bien-être ou la cosmétique.

Comment choisir ses cristaux

Le choix d'un cristal est très personnel et peut se faire de deux façons, soit en fonction de ses vertus selon nos attentes du moment, soit en faisant confiance à son intuition. En général, la seconde solution est celle que j'affectionne le plus. Lors de mes séances privées de tirage de cristal, j'encourage toujours mes clients à faire appel à leur voix intérieure, et il est incroyable de voir qu'ils sont instinctivement attirés par la pierre qui leur est bénéfique, celle qui leur parle. Nous ne choisissons jamais une pierre par hasard, elle a toujours un message à nous délivrer.

Pour une guidance intuitive, vous pouvez aussi faire appel à un oracle des cristaux. Chaque carte représente un cristal qui transmet un message. Tirez une carte de guidance et accueillez l'énergie du jour qui vous est offerte. J'utilise *L'Oracle des cristaux - Conseils depuis le cœur de la Terre* de Toni Carmine Salerno (éditions Contre-dires, 2012).

Nous expérimentons chaque jour les tourments de la vie moderne, des difficultés dans nos relations familiales, amicales, professionnelles, affectives. Certains aléas peuvent nous surprendre, nous chambouler. Ces événements nous désaccordent, à la manière d'un instrument de musique. Les cristaux, eux, ne se désaccordent jamais, pour cela, ils peuvent être de précieux alliés dans notre vie quotidienne.

Chaque pierre a sa propre structure, une signature vibratoire unique, et donc un effet différent sur notre corps. Les vibrations des cristaux nous aident à réharmoniser notre équilibre intérieur. Dans le domaine des médecines douces, l'usage des cristaux pour leurs bienfaits s'appelle la lithothérapie.

J'ai choisi de vous présenter des cristaux par familles afin de vous accompagner sur le chemin de votre développement personnel. Ce sont des indications que vous pourrez consulter à tout moment lorsque vous ressentirez la nécessité d'un accompagnement ou d'un soutien émotionnel. Les mots-clés vous aideront à cerner plus facilement vos besoins et à trouver le ou les cristaux qui vous aideront dans les différentes situations auxquelles vous pourrez faire face au quotidien.

« Les cristaux, première conscience sur notre planète. »

Conseils de purification et de recharge des cristaux

Avant de vous servir de vos cristaux, vous devez pratiquer une purification. Les cristaux emmagasinant en effet les énergies environnantes, il faut les aider à se libérer et à se purifier. Les cristaux se « déchargent » aussi au fur et à mesure de leur utilisation, perdant peu à peu leur éclat et leur lumière. Il est donc nécessaire de les nettoyer et de les purifier régulièrement afin de bénéficier de leurs meilleures vertus.
Faites-le au moins une fois par mois, via la technique de purification par l'eau ou par fumigation. Attention, il est nécessaire de se renseigner avant de donner un bain purificateur, car certains cristaux n'aiment pas l'eau et sont hydrosolubles ou s'oxydent à son contact telles la malachite, la célestine, la pyrite, l'hématite et la sélénite. Dans ce cas, privilégiez la purification par la fumigation des plantes et des encens sacrés. Si vous n'aimez pas la fumée, vous pourrez placer vos cristaux sur un amas ou une géode d'améthyste ou de cristal de roche assez grande pour pouvoir tous les accueillir. Vous pouvez aussi utiliser des sprays de purification ambiante à base d'huiles essentielles que vous pulvériserez au-dessus des cristaux à une certaine distance ou sur un tissu, ou vous pouvez frotter doucement vos cristaux avec.

LA PURIFICATION PAR FUMIGATION
La fumée des plantes et des encens sacrés tels que la sauge blanche et le bois de palo santo est utilisée pour chasser les énergies stagnantes et est reconnue pour ses propriétés assainissantes (voir p. 106).

- **1.** Ouvrez les fenêtres afin de laisser les énergies s'évacuer et placez une coupelle devant vous. Elle sera utile pour éteindre la sauge à la fin du rituel.
- **2.** Allumez le bâton de sauge ou de palo santo à l'aide de la flamme d'une bougie. Laissez la flamme prendre un instant, puis soufflez dessus pour l'éteindre.
- **3.** Une fumée blanche s'élève. Passez votre cristal dans la fumée et mentalisez ou verbalisez la phrase suivante : « Que toutes les énergies accumulées dans ce cristal s'en aillent. »
- **4.** Éteignez la sauge ou le palo santo dans la coupelle en l'écrasant légèrement. Profitez aussi de ce moment pour vous connecter aux vibrations de votre minéral.

LA PURIFICATION PAR L'EAU

- **1.** Placez votre pierre dans un récipient d'eau douce (sans sel, car ce dernier déminéralise les cristaux et les fatigue) pendant 3-4 heures, ou même toute une nuit. Si vous observez des petites bulles à la surface, c'est normal, et la preuve que le travail s'est bien opéré.
- **2.** Sortez votre pierre de l'eau et rincez-la sous l'eau du robinet.
- **3.** Mentalisez la libération de toutes les énergies stockées et que votre pierre rayonne d'énergies lumineuses.
- **4.** Séchez-la à l'aide d'un linge propre et rangez-la à l'abri jusqu'à la prochaine utilisation.

Une fois purifiés, vos cristaux sont prêts pour la dynamisation à la pleine lune ou au soleil. Pour recharger un cristal en énergies positives, placez-le sous les rayons de la pleine lune toute la nuit ou quelques heures sous les rayons du soleil (pas davantage, afin de ne pas altérer la beauté de sa couleur).

ÉNERGIE DU CŒUR : QUARTZ ROSE, MALACHITE

Lorsque vous avez besoin d'un grand souffle d'amour, ces pierres vous relient directement à votre cœur. Elles vous enseignent la douceur, harmonisent vos relations avec vous-même et les autres. Elles développent l'énergie positive autour de vous.

LE QUARTZ ROSE : AMOUR INCONDITIONNEL, DOUCEUR

Pierre de l'amour inconditionnel, le quartz rose diffuse une énergie rassurante et encourage les sentiments de compassion et de tendresse pour soi et pour les autres. Elle diffuse une énergie bienveillante de douceur, de calme et d'amour.

- À porter sur vous, en pierre roulée ou bien en bijou afin de bénéficier de ses douces vibrations. Vous pouvez aussi dormir avec : placez-la sous votre oreiller pour faire de beaux rêves.
- Placez dans votre salon un grand quartz rose brut ou taillé dans une forme qui vous inspire, il apportera harmonie et bonne entente au sein de votre cocon familial.
- Exposé dans votre chambre, il favorisera communication et bonheur dans vos relations affectives et de couple.
- Placé dans la salle de bains, il encourage à l'amour propre et à prendre soin de soi. Si vous avez une baignoire, vous pourrez prendre un bain avec votre pierre pour une connexion à votre divin féminin.

LA MALACHITE : OUVERTURE DU CŒUR, GUÉRISON PHYSIQUE ET ÉMOTIONNELLE

Cette pierre renforce le pouvoir de notre cœur, elle nous invite à l'ouvrir en grand à l'amour absolu afin d'accueillir les merveilles que l'Univers nous offre. La malachite est une pierre de guérison, elle apaise les maux physiques et psychiques en nous libérant de nos blocages.

- Portez sur vous une pierre roulée dans une poche, le plus près possible du cœur (un pendentif au niveau du chakra cœur par exemple).
- Placez dans votre maison une magnifique malachite taillée afin d'apporter chance et apaisement ; elle sera très bénéfique dans votre salon ou dans votre espace de travail.

Méditation d'ouverture du cœur

Prenez une pierre roulée dans vos deux mains, concentrez-vous sur votre souffle et les sensations que vous ressentez dans votre poitrine, observez et accueillez l'énergie verte (chakra cœur) guérisseuse. Répétez : je reçois tout l'amour de l'Univers, je suis complet.

AMOUR ET GUÉRISON DU CŒUR : QUARTZ ROSE, RHODONITE, RHODOCHROSITE

Lorsque vous aurez besoin d'apaiser les blessures de votre cœur et d'accueillir l'amour avec enthousiasme, les cristaux de cette famille vous guideront vers la réconciliation et le pardon, pour tendre vers plus d'harmonie et d'acceptation.

LE QUARTZ ROSE : AMOUR, BIENVEILLANCE

J'ai resélectionné cette pierre, car elle demeure centrale dans la famille des cristaux pour ses vertus de réconciliation, d'harmonie et la multiplicité de ses utilisations possibles (voir p. 178).

LA RHODONITE : CONFIANCE, ATTRACTION DE L'AMOUR

Pierre reliée à l'énergie du cœur, elle permet de panser ses blessures, elle aide à se rendre disponible et à s'ouvrir à nouveau à l'amour et aux relations affectives. Les propriétés apaisantes des pierres roses, associées aux vertus protectrices des pierres noires, font de la rhodonite une pierre d'équilibre. Elle protège du négatif et permet d'affronter avec sérénité les aléas de la vie, elle apaise les sentiments de trahison et les pensées autodestructrices. C'est une pierre qui pacifie nos sentiments et calme les angoisses liées aux affaires sentimentales, renforce les liens de couple et éloigne la jalousie. Elle nous aide à avoir confiance et à développer notre potentiel d'attraction.

- À porter sur soi près du cœur pour apporter réconfort et apaisement.
- Vous pouvez la glisser dans une poche pour diffuser une douce énergie.
- N'hésitez pas à dormir avec pour vous libérer des émotions enfouies et refoulées.

LA RHODOCHROSITE : GUÉRISON DU CŒUR, AMOUR POSITIF, LIBÉRATION

Pierre de guérison du cœur, elle apaise des anciens traumatismes et nous protège des comportements excessifs en nous libérant des peurs et des schémas répétitifs. C'est l'une des énergies les plus douces du monde minéral, qui permet de nous connecter à notre beauté et favorise l'amour propre. Elle invite à faire la paix et à vivre l'amour avec positivité. On l'utilise en cas de coup de mou et de déprime, elle redonne espoir quand tout est noir, elle favorise la joie de vivre.

- À porter sur soi au quotidien, en bijou ou en pierre roulée, pour un sentiment d'apaisement et pour accueillir l'amour avec joie.
- Posée en pierre brute ou taillée chez vous dans la chambre, elle instaurera un sentiment de sécurité si vous êtes seul et renforcera les liens si vous êtes en couple.

Cocktail d'amour

La combinaison de ces trois pierres apporte un renouveau dans les sentiments et dans les croyances affectives. Ensemble, elles aident à se surpasser et à s'ouvrir à l'imprévu. On peut porter le trio sur soi dans une petite pochette, à garder avec soi comme une amulette, un philtre magique.

JOIE, RAYONNEMENT ET ABONDANCE : CITRINE, CITRINE FUMÉE, PIERRE DU SOLEIL

Lorsque vous aurez besoin d'abondance et de joie à tous les niveaux dans votre vie et d'un boost de bonheur, ces pierres vous apporteront assurance et dynamisme et amplifieront votre charisme. Elles dynamisent votre aura en vous aidant à la garder compacte et pure.

LA CITRINE : JOIE, ABONDANCE, RÉUSSITE

C'est la pierre par excellence de l'abondance et de la joie de vivre. Elle diffuse une énergie solaire qui vous fait rayonner et attire la réussite ainsi qu'une profusion de projets et d'opportunités inattendues. Elle transmet l'amour de la vie.

- À porter sur soi, en pointe de cristal ou bien en pierre roulée, le plus proche de votre plexus solaire afin de booster votre énergie vitale et pour attirer l'abondance et les surprises de la vie.
- Vous pouvez placer une grande pointe dans votre salon pour attirer la joie et dans votre espace de travail pour attirer la réussite. Attention, choisissez une citrine naturelle. La plupart des citrines qui sont vendues sur le marché sont avant tout pour la décoration et non pour un travail énergétique. Renseignez-vous avant l'achat.

LA CITRINE FUMÉE : ABONDANCE, RÉALISATION

La citrine fumée est une fusion entre la citrine et le quartz fumé. Ce joyau de beauté vous offre les vertus de ces deux pierres pour le plus grand plaisir de vos yeux et de votre âme. Elle aide à cultiver la joie de vivre et calme les émotions envahissantes. Pierre de réalisation, elle permet d'aller jusqu'au bout de ses projets et de neutraliser les négativités. Elle vous donnera stabilité et ancrage (voir aussi les vertus ci-dessus pour la citrine et ci-dessous pour le quartz fumé).

LA PIERRE DU SOLEIL : CHARISME, AURA, RAYONNEMENT, ÉNERGIE

La pierre du soleil dégage chaleur et optimisme. Elle booste vos capacités et valorise votre potentiel. Pierre des sentiments positifs, elle porte chance, favorise les ambitions personnelles et la spontanéité. Sa force solaire débloque les situations, évite le repli sur soi et la tristesse. Elle porte bonheur et équilibre les chakras.

- C'est la pierre des artistes et de ceux qui doivent attirer l'attention. Portez-la lors de vos sorties et rendez-vous pour briller et gagner en assurance.
- Elle aide aussi les timides à se révéler.

RÉALISATION ET RÉUSSITE : QUARTZ FUMÉ, PYRITE, ARAGONITE ROUGE

Lorsque vous avez besoin de réalisation personnelle, de pouvoir et de réussite dans vos projets, ces pierres renforcent votre volonté et vous permettent de vous affirmer.

LE QUARTZ FUMÉ : RÉALISATION, PROJET, ACCOMPLISSEMENT

Pierre de joie et d'accomplissement, le quartz fumé neutralise les pensées négatives dont celles que vous émettez sur vous-même. Il permet d'aller jusqu'au bout de vos projets et de réaliser vos aspirations les plus profondes avec motivation et optimisme. Cette pierre vous protège de vos propres jugements, qui pourraient vous freiner dans vos réalisations.

- Posez une pointe de quartz fumé dans votre espace de travail pour vous apporter confiance et vous aider à aller jusqu'au bout de vos réalisations.

LA PYRITE : RICHESSE, RÉUSSITE, PROSPÉRITÉ, POUVOIR, JOIE

La pyrite est la pierre de la réussite et de la prospérité. Sa brillance évoque les richesses de ce monde, elle vous donne la force d'être à la hauteur de vos ambitions, elle permet de matérialiser vos projets dans la joie et attire la fortune. Elle vous aide aussi à surmonter les obstacles et libère le potentiel d'accomplissement qui est en vous.

- Placez une pyrite brute sur votre bureau pour attirer les rentrées d'argent et la réussite de tous vos projets.

L'ARAGONITE ROUGE : RÉALISATION DE SOI, DÉVELOPPEMENT, AMBITION

Cette pierre, associée au domaine de la famille, de la prospérité et de l'abondance, réveille l'ambition et le désir de créer. Sa couleur feu donne de la chaleur à la famille, aux ancêtres et nous rapproche des autres. Elle vous permet d'affirmer votre ego et favorise votre développement personnel. Elle est recommandée lorsque vous voulez vous réaliser et laisser votre énergie se matérialiser. Elle libère la parole et vous offre la concentration.

- Portez-la en permanence sur vous lors de vos rendez-vous d'affaires et pour la réalisation de vos projets.
- Vous pouvez en placer une plus grosse dans votre maison pour attirer l'abondance et le bien-être, l'idéal étant de la poser dans la pièce où vous travaillez ou dans celle où vous recevez du monde.

LIBÉRATION ET CONFIANCE : SEPTARIA, BOIS FOSSILE, JASPE IMPÉRIAL, AGATE

Lorsque vous avez besoin de vous sentir soutenu, de vous libérer du poids du passé, de vous donner confiance et de vous insuffler la volonté d'aller de l'avant avec assurance, faites confiance à ces pierres de renaissance.

LA SEPTARIA : SÉRÉNITÉ, DÉTACHEMENT

Appelée aussi pierre du dragon, c'est une pierre karmique qui dénoue les liens du passé. Elle apporte sérénité, calme et détachement. Cette pierre d'ancrage permet de vous libérer des mémoires du passé et de vous rééquilibrer tant physiquement qu'émotionnellement.

LE BOIS FOSSILE : FORCE, SÉRÉNITÉ PUISSANTE

Cette pierre de stabilité et de libération vous aidera à atteindre un haut niveau de conscience et de sagesse. Grâce à l'équilibre profond qu'elle apporte, elle vous invite à lâcher prise afin de vous laisser rayonner naturellement.

LE JASPE IMPÉRIAL : ÉQUILIBRE, FORCE INTÉRIEURE

Le jaspe est source de stabilité, il vous aide à faire face à des problèmes d'insécurité, vous encourage à être honnête et vrai envers vous-même et vous incite à aller de l'avant. Il vous aide à guérir votre corps émotionnel et ses énergies d'ancrage vous soutiennent et vous permettent de comprendre vos expériences.

L'AGATE : SÉCURITÉ, INTÉGRITÉ

L'agate est une pierre d'énergie primordiale, reliée au plan émotionnel. Elle est associée à notre deuxième chakra, siège du ressenti, et agit sur notre intimité et notre développement personnel. Elle inspire la sécurité, le sentiment de bien-être et d'épanouissement. Elle vous guide vers le respect de vous-même et votre chemin de vie. Elle aide à communiquer les sentiments positifs et valorise l'amour parental et le lien parent-enfant. Cette pierre vous apaisera et vous aidera à combattre le stress et les états d'angoisse. Elle permet également de désarmer la colère intérieure. Elle aide à garder le moral tout en neutralisant les énergies négatives environnantes.

- Dormez avec l'une de ces pierres en cure de 3 à 5 jours pour vous libérer d'une angoisse ou d'une anxiété refoulée émotionnellement. Soyez attentif à vos rêves, et si vous faites des cauchemars, ne vous attachez pas à ce que vous verrez, ces pierres vous aident à vous libérer et à nettoyer vos peurs.
- Gardez les pierres dans votre maison pour apporter un climat de confiance et un sentiment de sécurité. Choisissez-les en forme de sphère pour plus de douceur et d'harmonie.

Consacrer un cristal

Lorsque vous avez fait l'acquisition d'un nouveau cristal et une fois purifié et rechargé, vous pourrez le consacrer afin qu'il s'emplisse de vos plus belles vibrations. Consacrer un cristal, c'est aussi établir un lien unique entre son énergie et la vôtre. Cette cérémonie se pratique devant votre altar ou bien dans la nature en connexion à la magie des éléments. Pour la consécration, vous avez la possibilité de créer votre formule qui respecte vos convictions ou de vous inspirer de formules déjà faites. L'important, c'est de parler avec votre cœur. Répétez-la 3 fois en présentant votre cristal vers le ciel dans vos mains.

VITALITÉ ET FORCE : HÉMATITE, JASPE ROUGE, ŒIL-DE-TIGRE

Lorsque vous manquez de motivation et que vous avez besoin de trouver des solutions, ces pierres sont bénéfiques en cas de stress et de fatigue passagère et si vous voulez éveiller la force vitale en vous, ainsi que les joies et les plaisirs de la vie.

L'HÉMATITE : FORCE, VITALITÉ, DÉTERMINATION, SANTÉ, MOTIVATION

L'hématite est à elle seule un vrai coach sportif : elle dynamise, donne de l'énergie et de la force dans les états fébriles. Elle soutient les défenses immunitaires et booste les globules rouges.

- À porter sur soi, en journée, au travail pour favoriser votre concentration.
- À placer dans une poche, lors de vos séances de sport, pour vous apporter endurance et force physique.
- À porter en bijoux, bracelet ou collier si vous êtes en état de fatigue ou d'anémie.
- Évitez de la porter la nuit et enlevez-la quelque temps avant d'aller dormir, l'hématite est source de vitalité et risquerait de vous donner trop d'énergie avant d'aller vous coucher.

LE JASPE ROUGE : ENDURANCE, SUPPORT MENTAL, ANCRAGE, STABILITÉ, MOTIVATION

En vous reliant aux énergies de la terre, la pierre de jaspe rouge vous connecte à votre force intérieure et vous donne du courage. Elle restaure et amplifie votre énergie et stimule l'organisme. Elle est bénéfique pour l'énergie sexuelle et la fécondité. Parce qu'elle apporte le courage et aide à puiser dans ses ressources, elle peut accompagner la femme enceinte jusqu'à l'accouchement. En stimulant le chakra racine, le jaspe facilite la naissance et la renaissance.

- Portez-la essentiellement pendant la journée pour valoriser votre potentiel vitalité.
- La porter sur soi en galet, pierre roulée ou en bijou si vous voulez booster votre fécondité ou votre énergie sexuelle.

L'ŒIL-DE-TIGRE : ÉNERGIE, JOIE, ENTHOUSIASME, AUDACE

Cette pierre donne beaucoup d'enthousiasme et relie à l'énergie du plexus solaire. Elle vous permet de vous connecter à votre enfant intérieur et d'envisager la vie sous un œil neuf et pur, avec force, vitalité et détermination. Elle vous libère des influences négatives, extérieures et intérieures, pour retrouver le plaisir de la vie, le courage et l'audace.

- À porter en amulette de protection et à garder près de vous, vers votre plexus solaire et vers votre cœur, pour augmenter votre entrain quotidien.
- Vous pourrez placer des petites pierres roulées dans les poches de vos vestes ou pantalons afin de retrouver votre énergie et de vous sentir ainsi protégé.

Cocktail de vitalité

Mélangez ces 3 pierres pour chasser un manque de volonté, d'énergie, la fatigue et redonner de l'entrain. Ce cocktail est également apte à redonner du courage lors des situations difficiles que nous traversons dans la vie. Il permet d'avoir l'esprit plus alerte et vif, et stimule la volonté pour redonner la confiance en soi, ainsi que la force et le courage d'affronter les difficultés de l'existence.

SÉRÉNITÉ, PAIX, DÉTACHEMENT : AGATE BLEUE, APATITE BLEUE, ÉMERAUDE, AMAZONITE, AIGUE-MARINE, FLUORITE

Lorsque vous recherchez un état de calme, de guérison émotionnelle, que vous ressentez le besoin de vivre dans le moment présent, de faire une pause et de vous exprimer avec liberté, ces pierres aux énergies bleue et verte vous prodiguent l'équilibre et l'harmonie. Elles pacifient votre âme et favorisent les échanges avec les autres.

L'AGATE BLEUE : LÂCHER-PRISE, CONCENTRATION

Cette pierre vous invite à lâcher prise, à vous exprimer librement sans frustration, à vous recentrer et à vous libérer de l'emprise du mental. Symbole d'intelligence, l'agate apporte la concentration, une lucidité et un sentiment de paix intérieure dans les moments difficiles : elle est donc conseillée au cours des études, lors d'entretiens ou de travaux intellectuels exigeants.

L'APATITE BLEUE : CANALISE, FLUIDIFIE, APAISE

C'est la seule pierre que nous retrouvons dans la constitution humaine, entre autres dans notre glande pinéale, qui se situe entre les deux hémisphères, à l'arrière du cerveau. Elle calme et apaise les personnes sensibles, et canalise les émotions trop fortes. Liée à l'élément eau, elle a une forte influence sur votre être, par son action fluidifiante qui soulage votre organisme et vous aide à être plus lucide.

L'ÉMERAUDE : SOULAGE, LIBÈRE, STABILISE

En calmant les angoisses et les sentiments d'oppression, cette pierre vous aide à gérer les conflits intérieurs, vous libère des frustrations et soulage les sentiments réprimés. Elle vous permet de vous détacher des idées préconçues et de vous connecter à votre spiritualité. Elle renforce la stabilité et les liens du cœur.

L'AMAZONITE : LÂCHER-PRISE, MOMENT PRÉSENT, COMMUNICATION, LIBERTÉ

Pierre du lâcher-prise, l'amazonite vous aide à dissoudre les pensées négatives afin de profiter du moment présent. Elle renforce la communication, consolide les liens affectifs et vous permet de vous exprimer avec liberté. Elle calme le système nerveux et le stress, offrant ainsi sérénité et éveil de votre joie de vivre.

L'AIGUE-MARINE : SÉRÉNITÉ, CALME, PAIX

Pierre des sirènes, l'aigue-marine promet de doux voyages, apporte sérénité et amour autour d'elle. Elle génère un calme absolu et est utile aux personnes qui recherchent la paix intérieure et aux personnes hypersensibles.

LA FLUORITE : ORGANISATION, CONCENTRATION, SAGESSE

Pierre de l'organisation et de la concentration, la fluorite vous permet de vous pacifier intérieurement et de remettre de l'ordre dans vos pensées. Elle équilibre le lien entre rêves et réalité, elle vous fait prendre conscience du possible, vous tempère et vous apporte la sagesse dans vos prises de décisions.

- Vous pouvez porter ces pierres soit en pierre roulée, soit en bijou ou bien les utiliser en pierre brute à placer chez vous, lorsque vous avez besoin de ressentir la paix et lorsque vous traversez des moments difficiles auxquels vous devez faire face avec calme. En pierre brute ou taillée, pour instaurer une communication fluide et un sentiment de confiance dans votre foyer.
- Portez un galet dans vos poches lors d'examens où vous avez besoin de concentration et de vous faire entendre.

PROTECTION ET ÉQUILIBRE : OBSIDIENNE NOIRE, LABRADORITE, TOURMALINE NOIRE, SHUNGITE

Lorsque vous avez besoin de protection psychique ou physique, de nettoyer vos énergies ou celles de vos lieux de vie, de vous protéger des agressions extérieures, des négativités ainsi que des ondes polluantes, ces pierres combattent les vibrations négatives et offrent une protection contre les mauvaises influences.

LA TOURMALINE NOIRE : PROTÈGE, NETTOIE, RÉALIGNE

La tourmaline noire aligne vos énergies et débloque toute négativité. Elle nettoie votre aura et vous protège des mauvaises ondes. Elle vous permet de mieux vous ancrer dans l'instant présent et vous aide à commencer ce travail sur vous-même. Elle vous sera utile si vous avez besoin de vous poser dans l'instant présent avec plus d'ancrage et de concentration pour votre apprentissage.

L'OBSIDIENNE NOIRE : BOUCLIER DE PROTECTION, NETTOYAGE DES CROYANCES LIMITANTES

L'obsidienne noire a autant de pouvoir sur le psychisme que sur le corps : c'est un vrai bouclier de protection énergétique qui vous débarrasse des vieux schémas répétitifs et des croyances limitantes qui vous empêchent d'avancer sur votre chemin. Pierre de la vérité, elle vous met face à ce qui est bénéfique pour vous et vous guide sur la voie de l'accomplissement.

LA LABRADORITE : PROTECTION, ALIGNEMENT, NETTOYAGE

Appelée aussi « pierre du guérisseur », connue pour ses vertus de protection contre les énergies venant de l'extérieur, elle nettoie les énergies polluantes de votre environnement en les absorbant jusqu'à ce qu'elles soit en totalement dissoutes. Son action bienfaisante vous aidera à vous débarrasser de ce qui n'est plus nécessaire et vous confortera dans vos prises de décision.

LA SHUNGITE : NEUTRALISE, RÉGÉNÈRE, ANCRE

Pierre rare de couleur noir métallisé, elle est composée de carbone. Son unique gisement se trouve en Russie. Excellente contre les ondes, elle neutralise les nuisances électromagnétiques et aide les personnes souffrant d'électrosensibilité. Elle vous permet également de vous régénérer et vous apporte confort et ancrage dans votre lieu de vie.

- Ce sont des pierres à placer chez soi pour protéger votre maison. Choisissez de grandes formes libres ou sphères et pointes afin de repousser et nettoyer les énergies polluantes, qu'elles soient d'origine électromagnétique ou de négativité ambiante.
- Ces pierres sont à porter sur soi en bijou, en galet ou pierre roulée, comme un bouclier énergétique, en cas d'hypersensibilité, afin de bloquer toutes sources qui pourraient affecter votre énergie vitale et votre aura.

Comment disposer vos cristaux

Vos pierres peuvent être disposées dans votre maison ou sur votre lieu de travail, sur un meuble ou sur une étagère pour les rendre bien visibles et permettre d'admirer leur beauté, mais aussi pour qu'elles puissent rayonner de toute leur énergie. Attention, si votre cristal est brut, il peut rayer le support sur lequel il est posé, dans ce cas, pensez à protéger ce dernier.

CONNEXION, INTUITION, TRANSFORMATION : CÉLESTINE, PRÉHNITE, STILBITE SUR APOPHYLLITE, LARIMAR

Ces pierres sont idéales lorsque vous ressentez le besoin de vous connecter à votre âme et d'entrer en contact avec vos guides, de recevoir des messages et que vous attendez des réponses.

LA CÉLESTINE : LUCIDITÉ, GUIDANCE ANGÉLIQUE

La célestine est appelée « pierre des anges » parce qu'elle facilite la méditation, apporte la relaxation et augmente le chant vibratoire de vos lieux. Symbole de calme, elle vous permet de vous connecter aux énergies divines et de transcender vos émotions. Sa couleur bleu acier vous apaise et vous place dans une zone de confiance et de sécurité.

- Vous pouvez placer une géode de célestine dans votre chambre, idéalement près du lit, pour bien dormir.
- Placez une célestine devant vous, lors de vos méditations, pour manifester vos intentions et afin d'établir la communication avec vos guides.

LA PRÉHNITE : CONNEXION À L'ÂME, INTUITION, ÉLÉVATION DE LA CONSCIENCE

La préhnite est une pierre de soin bénéfique pour l'âme. Harmonisante, elle agit sur les blocages émotionnels. Elle ancre, calme l'esprit et favorise la connexion aux énergies subtiles et aux guides.

- Placez deux pierres brutes dans chaque main pour accéder à l'énergie de votre cœur, vous sentirez une chaleur s'y installer et cela vous permettra de vous connecter plus facilement à votre propre conscience, afin d'harmoniser votre corps et votre esprit tout en douceur.
- Vous pourrez la porter en bijou pour accéder à vos dons d'intuition et afin d'être plus attentif aux messages de l'Univers qui vous sont envoyés.

LA STILBITE SUR APOPHYLLITE : SPIRITUALITÉ, BEAUTÉ DE L'ÂME, MÉDITATION, GUIDANCE, CLAIRVOYANCE

La stilbite sur apophyllite est une pierre magnifique et lumineuse qui, grâce à sa haute fréquence vibratoire, débloque toutes les énergies et permet de concrétiser la beauté qui est en vous et autour de vous. Elle relie les énergies de la terre et du ciel et accroît vos dons de sensibilité, de créativité et de clairvoyance. C'est une pierre qui active l'intuition et véhicule une vibration affectueuse et positive en toute situation.

- C'est un bon outil d'accompagnement lorsque l'on veut concentrer son énergie pendant une séance de voyance ou de guidance : tenez une pierre brute dans vos mains, formulez vos questions, rentrez doucement en méditation et concentrez-vous sur votre respiration. Faites le silence afin de laisser de l'espace à vos guides pour se manifester, laissez les images venir à vous, accueillez-les.
- En amas cristallin de grande taille placé au milieu de votre salon, elle vous fait voir la beauté qui réside en tout et illumine de mille éclats votre lieu de vie.

LE LARIMAR : SPIRITUALITÉ, GUÉRISON ABSOLUE DE L'ÂME, GUIDANCE, CONSCIENCE

Le larimar, aussi appelé « pierre de l'Atlantis », procure un océan de vibrations et d'amour à celui qui le porte. Sa couleur apaise l'âme. Issu de la mer des Caraïbes, il a de nombreux bienfaits antistress, régule les humeurs et soulage les douleurs.

- En pendentif placé entre les énergies de votre gorge et celles de votre cœur, il vous aidera à accéder aux profondeurs de votre âme tout en guérissant ses blessures.
- Chez vous, en pierre brute ou forme libre, il apporte les hautes vibrations d'amour et de paix.
- Porter une pierre roulée sur vous change votre vision sur la vie et apaise les humeurs changeantes.

Les formes des cristaux

Si les cristaux ont des propriétés spécifiques, leur utilisation diffère selon leur forme et leur taille. En pierres de poche et bijoux ou dans votre foyer, elles vous transmettent leur énergie. Les petites vous accompagnent harmonieusement au quotidien, les grandes agissent en soin immédiat et puissant. À vous de jouer avec votre ressenti pour choisir celles qui correspondent à vos besoins du moment.

- **Une pointe de cristal** est un générateur d'énergie. Elle permet la diffusion d'un flux positif. Émetteur, récepteur et amplificateur, elle augmente votre taux vibratoire, celui d'un lien de vie ou de travail. Elle s'emploie lorsque l'énergie d'une pièce est lourde, celle-ci est alors recyclée, nettoyée et revitalisée en passant par la pointe.

- **Les sphères** reflètent la lumière du soleil et diffusent l'énergie avec douceur et équilibre. Elles vous procurent, lors de vos méditations, un sentiment d'union entre vous-même et l'Univers. Les sphères de cristal de roche sont souvent utilisées dans les arts divinatoires, elles permettent de vous concentrer et de libérer votre intuition.

- **Les pierres brutes** ne sont ni taillées ni polies et présentent des aspérités, des rugosités, c'est pourquoi elles sont peu utilisées dans les soins énergétiques qui nécessitent un contact avec la peau. Leur beauté naturelle magnifiera votre intérieur tout en bénéficiant de leurs vertus. Dans les pierres brutes, vous trouverez toutes sortes de formes : géodes ou druses, amas cristallin (ensembles de cristaux à plusieurs pointes). Ces formes redistribuent et élèvent l'énergie dans toutes les directions de vos espaces. Elles favorisent le travail de guérison. À souligner la particularité de la géode avec laquelle vous pouvez purifier et/ou recharger vos minéraux et bijoux en les posant dessus.

- **Les pierres taillées**, quelles que soient leurs formes (géométries, anges, animaux, crânes, cœur, merkabah...), servent de support à vos méditations et aident à focaliser vos pensées. Elles vous placent immédiatement dans un espace énergétique spécifique selon la forme choisie. Ici, le symbolisme est important, il matérialise vos intentions.

- **Les pierres taillées** en galet ont un toucher doux et lisse sur votre peau, ce qui permet de masser le corps ou de les déposer sur vos chakras. Elles sont parfaites pour un travail de méditation, en épousant le creux de vos mains, et sont faciles à transporter.

- **Les pierres en forme libre** sont souvent plus imposantes. Taillées à la main, dans le respect de leur beauté naturelle, elles deviennent des pièces uniques de décoration d'intérieur. Leur âme dispense l'énergie dans les lieux où elles sont exposées et sur les personnes qui les approchent.

- **Les pierres roulées** sont des petites pierres lisses au toucher, obtenues par polissage. Elles présentent de grands avantages du fait qu'elles soient plus petites que les galets, ce qui permet de les transporter partout. Elles ont de nombreuses utilisations : vous pouvez les garder avec vous et les mettre dans vos poches ou dormir avec. Vous pouvez aussi réaliser des grilles de cristaux, fabriquer de l'eau dynamisée ou les disposer selon votre créativité dans votre maison.

FÉMININ DIVIN : SÉLÉNITE, CORNALINE, PIERRE DE LUNE

Lorsque vous voulez amplifier votre énergie féminine et créatrice, faire rayonner votre pouvoir féminin et vous connecter à votre déesse intérieure, ces pierres vous permettent de faire appel au sacré pour vous honorer et rendre hommage à votre corps.

LA SÉLÉNITE : FÉMININ DIVIN, ÉNERGIE LUNAIRE, ÉVEIL

La sélénite est une pierre de l'éveil féminin. Elle tient son nom de la déesse de la lune Séléné, qui invite à l'introspection et à honorer le divin en soi. Son énergie lunaire invite notamment à écouter son corps et à en prendre soin. Calmante, elle apporte sérénité et guérison du corps et de ses souffrances. Elle vous permettra d'atteindre un niveau de sérénité et d'ancrage au quotidien.

- Vous pouvez dormir avec pour relâcher les craintes, elle aide à passer de douces nuits.
- En galet, massez votre corps, car elle libère les tensions et soulage les douleurs musculaires.

LA CORNALINE : ÉNERGIE VITALE, FERTILITÉ, SEXUALITÉ

Pierre réconfortante, la cornaline renforce l'estime de soi et le pouvoir d'attraction. Elle apporte énergie, vitalité et détermination tout en éloignant la négativité. Elle contribue à l'épanouissement sexuel et est reconnue pour aider les femmes lors des cycles menstruels, apaiser les douleurs et améliorer la fertilité.

- À porter en bijou pour la fertilité et favoriser l'énergie vitale.
- Appliquez un galet sur le bas-ventre en cas de douleurs pré-menstruelles.
- Dormez avec un galet afin de réveiller l'énergie créatrice et sexuelle.

LA PIERRE DE LUNE BLANCHE : BEAUTÉ, POUVOIR, FÉCONDITÉ

À l'image de l'astre lunaire, cette pierre a toujours fasciné par ses reflets et sa beauté. Captivante, elle fait écho au caractère changeant de la lune et vous aide à mieux gérer et réguler votre sensibilité cyclique. Son énergie révèle le pouvoir féminin et stimule la fécondité.

LA PIERRE DE LUNE NOIRE : MATERNITÉ, PROTECTION, INTUITION, CLAIRVOYANCE

La pierre de lune noire est liée à l'énergie maternelle et à la féminité. Elle protège l'aura et vous permet de mieux prendre conscience de vos sentiments. Elle favorise également l'intuition et aide à prendre les bonnes décisions. C'est une excellente pierre de méditation et de clairvoyance.

- Les pierres de lune blanche et noire sont à garder près de soi ou sur soi afin d'augmenter son pouvoir féminin.
- Travaillez avec des galets avant, pendant la grossesse et après l'accouchement pour favoriser la fécondité et renforcer les liens maternels.
- Gardez-la sur vous en pierre roulée lorsque vous êtes trop sensible aux changements et que vous avez besoin d'équilibre.

MASCULIN DIVIN : SHIVA LINGAM, TIGRE DE FER, GRENAT, LAPIS-LAZULI

Lorsque vous voulez révéler vos énergies masculines, amplifier votre force et votre détermination et passer à l'action, choisissez ces pierres.

LE SHIVA LINGAM : VITALITÉ, DÉSIR

On trouve cette pierre dans une rivière sacrée de l'Inde, où elle est façonnée par les courants. Symbole de l'énergie des dieux Shiva et Shakti, elle harmonise le principe des énergies masculines et féminines. Sa forme représente le masculin et ses couleurs le féminin. Ses vibrations élevées apportent la force. Elle améliore l'intuition et la vitalité en augmentant votre pouvoir de féminité ou de masculinité. Elle favorise le désir, créatif ou charnel.

- À garder sur vous pour équilibrer vos énergies et vous faire ressentir le divin en vous.
- Placez chez vous une grande pierre pour équilibrer la polarité et raviver l'amour de la vie et le désir.

LE TIGRE DE FER : FORCE, COURAGE, DÉTERMINATION

Le tigre de fer est né de la fusion de 3 pierres : le jaspe rouge, l'hématite et l'œil-de-tigre. Cet alliage surpuissant aide votre corps à accélérer sa régénération cellulaire et apporte confort moral, ancrage et vigueur. C'est la pierre des pierres pour se booster tant physiquement que moralement. Parce qu'elle vous donne du courage et de la détermination, c'est en quelque sorte un coach sportif et de vie.

- Vous pouvez le garder en pierre roulée ou galet sur vous toute la journée afin de vous sentir puissant et vous apporter toute l'énergie dont vous avez besoin pour accomplir de grandes choses. Évitez de dormir avec, car son énergie est très forte.

LE GRENAT : SANTÉ, CRÉATIVITÉ, SEXUALITÉ, FERTILITÉ

C'est la pierre de l'énergie vitale. Couleur de sang, elle évoque l'essence de l'être, de l'amour, de la passion et de l'énergie sexuelle. Elle booste l'ambition, le pouvoir, dynamise le métabolisme et renforce le charisme. Elle est aphrodisiaque et amplifie la passion des amours et de la vie.

- À porter sur soi en pierre brute ou roulée pour amplifier la passion de la vie.
- En bijou, collier ou bracelet, il vous stimulera et vous donnera vitalité et charisme dans vos réalisations.
- Offrez-vous et à votre partenaire un grenat que vous garderez chacun précieusement pour amplifier la passion amoureuse dans votre couple.
- Placez une pierre sur votre bas-ventre lors de vos méditations pour favoriser l'énergie sexuelle et lutter contre la fatigue.

LE LAPIS-LAZULI : ÉQUILIBRE, POUVOIR, FIERTÉ

Cette pierre spirituelle possède un grand pouvoir d'équilibrage. Elle est protectrice et symbole de pouvoir et de masculinité. Elle vous aide à mieux vous connaître, à vous valoriser, tout en renforçant votre fierté.

- Placez un lapis Lazuli sur le chakra du troisième œil durant vos méditations pour débloquer le corps mental et émotionnel. Il aide à accéder à la perception claire de ce qui vous entoure et de ce qui est en vous, tout en vous permettant de garder la tête sur les épaules.
- Sur soi, en bijou ou pierre roulée, elle apporte présence et autorité lorsque vous êtes en public.
- En forme libre, dans votre espace de travail, elle vous aidera à prendre les bonnes décisions avec fermeté et justesse.

LES MAÎTRES : CRISTAL DE ROCHE, AMÉTHYSTE

Ces cristaux amplifient l'énergie et harmonisent tout ce qui se trouve autour de vous. Leur énergie amplifie et purifie celle des autres cristaux. Ils sont utiles dans vos recherches de développement personnel et constituent des outils indispensables à vos méditations et rituels.

LE CRISTAL DE ROCHE : VITALITÉ, CLAIRVOYANCE

D'après les légendes, le cristal de roche provient d'une eau céleste qui aurait gelé pour l'éternité. Cette pierre de la clarté et du rayonnement amplifie votre lumière intérieure et diffuse votre beauté, aussi limpide que l'eau. Elle vous redonne de la vitalité et décuple l'énergie des autres cristaux.

- Porté en bijou, il amplifie et transforme tout ce qui se trouve autour et en vous en énergie lumineuse et vous apportera transformation dans vos actions.
- Posez une pointe chez vous pour purifier et augmenter le taux vibratoire de la pièce.
- En amas cristallin, vous pourrez vous en servir pour nettoyer et recharger en énergie vos autres cristaux et installer un climat de clarté dans vos lieux. Pensez à régulièrement purifier et recharger votre cristal de roche afin qu'il soit aussi le plus performant possible.
- En petite pierre roulée, vous pourrez la glisser dans votre poche avec vos autres pierres de choix afin de décupler et booster leurs bienfaits.
- Posez une sphère de cristal au milieu de votre salon pour diffuser avec harmonie ses propriétés et que tout le monde en bénéficie.
- Vous pouvez intentionner n'importe quelle forme de cristal de roche avec vos souhaits.

L'AMÉTHYSTE : HARMONIE, CRÉATIVITÉ

L'améthyste est la pierre de l'harmonie, de la sérénité et de la sagesse. Elle équilibre les énergies du corps et de l'esprit et renforce l'intuition. L'améthyste a des vertus apaisantes et purifiantes, elle stimule la créativité et l'imagination, et permet l'élévation personnelle. Elle vous aidera à mieux vous connaître.

- Placez un cristal sur le chakra du troisième œil durant la méditation pour accéder à la conscience de vos différents plans et corps énergétiques.
- Portée en bijou, elle nettoie et restaure l'énergie de votre aura. Elle vous aide également à vous apaiser et à vous détacher petit à petit de toutes les dépendances de la vie quotidienne.
- Placez dans votre espace de travail une géode afin d'activer la créativité et l'imagination dans vos réalisations.
- Placez une grande améthyste dans votre espace de vie pour instaurer un climat de paix. Elle chasse ce qui n'est pas nécessaire à votre foyer et repousse les négativités ambiantes et le stress.
- En forme de géode, vous pourrez vous en servir pour nettoyer et recharger vos autres cristaux, elle nettoie aussi les énergies de la pièce. N'oubliez pas alors de régulièrement la purifier et recharger pour lui redonner force et éclat.

Bon à savoir

Les minéraux ne remplacent pas un traitement médical. Pour vous accompagner, voici quelques livres :
La Bible des cristaux de Judy Hall (Guy Trédaniel Éditeur, 2011) et pour approfondir vos connaissances sur le sujet, vous pouvez vous référer au brillant ouvrage de Regina Martino, *La voie des pierres et des cristaux* (Ambre, 2018).

2 • Oracles et tarots

L'oracle est libre en ce qui concerne le nombre de cartes et la symbolique. Le tarot, quelle que soit son iconographie, a obligatoirement 78 cartes dont 22 arcanes majeurs. Tous les deux vous guideront et vous aideront à avoir, comme le dit Steve Jobs, « le courage de suivre votre cœur et votre intuition » qui « l'un et l'autre savent ce que vous voulez réellement devenir ».

L'ORACLE

Commencez par choisir votre oracle, en vous laissant guider par votre intuition. Il faut que vous ayez envie de tenir ce jeu dans vos mains. Il faut que le graphisme, les symboles vous parlent.

Une fois que vous l'avez acheté et ramené chez vous, commencez par le nettoyer. Vous pouvez le faire en le baignant dans la fumée de l'encens, mais aussi en le saupoudrant de terre (une argile fine convient parfaitement). Une fois cette opération qui aura nettoyé le jeu de toutes les énergies négatives terminée, prenez-le en main et infusez-lui votre fluide. Ainsi magnétisé, il est prêt à servir de lien avec vos guides.

Généralement, les jeux sont accompagnés d'un petit livret explicatif et même parfois d'un livre. Quand on débute, on aime s'y conformer. Mais avec l'expérience, on se rend compte que, parfois, nous recevons notre propre code d'interprétation.

Pour commencer votre séance, installez-vous confortablement dans une ambiance douce et chaleureuse, une ambiance qui vous ressemble. Respirez calmement, demandez à vos guides de vous assister. Concentrez votre énergie sur votre connexion et sur votre désir de recevoir un message. Écoutez, peut-être ressentez-vous leur présence. Peut-être est-ce simplement une sensation dans un de vos bras, dans votre dos, votre tête. Il va falloir que vous appreniez à connaître ces signes qui vous montrent que le contact est là. Prenez le jeu en main et battez-le le temps qui vous semble nécessaire en formulant votre question.

Vous devrez choisir un mode de tirage :

- Une seule carte en réponse flash pour avoir la couleur de la journée qui débute, le conseil du mois ou en mode oui/non.
- Trois cartes pour un tirage passé/présent/futur : il éclaire sur l'origine de la situation actuelle, comment elle agit sur le présent et comment il est possible de la stabiliser, l'améliorer ou la changer.

À la fin du tirage, clôturez la séance en remerciant avec toute votre gratitude, pour le temps qui vous a été accordé. Dites au revoir.

Rangez votre jeu. Vous n'avez pas besoin de le nettoyer à chaque fois. C'est bien de conserver vos énergies et celles de vos guides. Pensez à le purifier quand vous sentez qu'une séance a été difficile ou quand il vous semble perdre en clarté.

D'ailleurs, acceptez que, parfois, la communication ne se produise pas. Et surtout comprenez que vous êtes le maître du jeu et que vous avez toujours le choix de suivre les conseils ou pas. C'est votre vie, votre destin, vos décisions.

Vous pourrez faire appel à ces lectures lorsque vous ressentirez le besoin d'un soutien, d'une guidance ou tout simplement si vous désirez recevoir un message de l'Univers.

Vivre l'expérience du tarot

PAR KATTINA ARGIA

La conception humaine du futur a toujours balancé entre prédestination et libre arbitre. Doit-on croire au destin, tout est-il écrit ou bien sommes-nous entre les mains du hasard et responsables de nos actes ? Sur ce chemin, il arrive de se perdre, de ne plus comprendre la direction que prennent les événements, ni le sens de la vie. C'est ici que le tarot permet de « sortir de la boîte ». Il change les paradigmes, il donne la vision nécessaire pour être dans l'action plutôt que dans la réaction face aux situations.

Quand je reçois un consultant ou une consultante, il ou elle attend de connaître ce qu'il va lui arriver par rapport à un événement précis de sa vie ou d'être aidé(e) à prendre des décisions. Le tarot peut apporter des réponses et donner une vision de l'avenir. Mais il peut bien plus que cela et j'accompagne les personnes dans cette lecture. Dans les moments de souffrance, de pénibilité, de questionnement, le tarot aide à prendre conscience des désirs profonds et à se libérer des pensées limitantes. Il est comme un miroir qui répond aux questions par d'autres questions. Il va plus loin, jusqu'à faire entendre la voix de l'intuition. C'est une mise en relation avec l'enfant intérieur.

Emprunter la « voie du tarot » telle que la nomme Jodorowsky, c'est accepter notre mythologie. Les arcanes donnent des clés pour aller à la rencontre de notre propre mythe, pour être le héros de notre quête. Le héros se reconnaît dans sa capacité à passer les épreuves et à accepter les obstacles sans baisser les bras. Il ne doit pas y avoir de lutte à proprement parler, mais une acceptation de la vie et du challenge qu'elle représente. Le tarot est un guide de découverte de nos valeurs. Il enseigne la stabilité et la résilience devant les épreuves. Le jeu met la lumière sur ce que l'on ne voit pas ou ce qu'on refuse de voir. Les limites sont celles de nos croyances. Quand on dit impossible, il questionne : impossible pourquoi ? Et avec lui, notre architecture intérieure se redessine. De nouveaux chemins s'ouvrent dans nos cœurs et se tracent sur la carte de la vie. Nous explorons d'autres itinéraires, ceux auxquels nous ne pensons pas ou ceux auxquels nous nous interdisons de penser, parce que la logique veut qu'avec notre passé, notre présent il n'y ait qu'une seule route possible. Or, nous pouvons changer l'ordre des mots que sont les cartes et écrire une autre phrase. Nous pouvons rencontrer notre moi du passé et le guérir de ses blessures, lui enlever ses pensées fausses.

Les forces créatives s'éveillent et donnent l'énergie utile pour réaliser le potentiel humain, pour sortir du chaos, de l'hésitation du choix et formuler clairement les objectifs de vie. L'homme s'inscrit dans l'instant présent, et dans ce présent, il y a le passé et le futur. C'est l'heure du premier pas, celui qui initie l'action, sur soi et sur le monde. La transformation commence. Nous quittons l'idée d'un destin fataliste ou d'un libre arbitre culpabilisant pour entrer dans la conscience de soi. Croire en soi, en son intuition, être prêt à voir les synchronicités, à saisir les opportunités. L'homme à la croisée des chemins, à la croisée de l'esprit et de la matière célèbre avec joie la vie pour la vie. Suivre le chemin initiatique du tarot, c'est apprendre et accepter les lois de l'Univers dont il est le messager. Sous son regard bienveillant, la pensée agit sur la matière.

Kattina Argia pratique la guidance et l'art de vivre intuitif avec les tarots, les oracles et la sonothérapie. Elle utilise différents jeux dont le « Tarot des mondes sauvages », l'« Oracle de l'esprit animal » de Kim Krans et le « Tarot de Marseille » de Grimaud. @kattina-argia

3 • Le pendule

Le pendule est un puissant support de guidance et un outil énergétique accessible à tous. C'est le chouchou des débutants.

Quel pendule choisir ?

Il existe des pendules de toutes sortes, de formes et de matériaux différents, laissez parler votre intuition pour le sélectionner. On dit que le bois est plus neutre et léger, il serait le plus favorable à l'apprentissage du débutant. Le métal, comme le cuivre, est plus conducteur et serait une option plus universelle. Les pendules en pierre seraient réservés à des utilisateurs plus aguerris, car chaque pierre a une signature énergétique propre qui pourrait influencer la lecture. En magasin, vous pourrez aussi les essayer afin d'apprécier celui qui sera le plus réactif à votre énergie.

Questionner son pendule est un moyen de se connecter avec nos hautes fréquences, car il est l'extension de nous-mêmes. Tout le monde peut apprendre à se servir d'un pendule : c'est une méthode très intuitive et personnelle. Je me souviens qu'étant enfant, j'étais fascinée par cet objet. Il a vite été le premier outil magique que j'ai utilisé afin d'obtenir des réponses à mes questionnements.

Tenez votre pendule entre le pouce et l'index. Plus vous le tenez court et plus il tournera vite, plus vous le tiendrez long, plus il ira lentement. Puis questionnez votre pendule afin de définir le sens des réponses « oui » et « non » : demandez à votre pendule de dire « oui », puis « non », et observez son mouvement.

Pour ma part, le « oui » est un cercle qui se forme à droite et le « non » un cercle qui se forme sur la gauche. Mais il peut exister différentes directions selon l'utilisateur : à vous d'observer.

Il est bon de nettoyer votre pendule lorsque vous vous en servez pour la première fois et à chaque nouvelle utilisation.

Lorsque vous formulez vos questions, faites attention à ce qu'elles soient simples et qu'on puisse y répondre par « oui » ou par « non ».

Faites en sorte de ne pas formuler de question qui pourrait porter préjudice à quiconque, car il est important de garder une énergie positive.

Vous pouvez aussi utiliser des graphiques de pendules déjà prêts avec des thèmes tels que chakras, couleurs, santé, ou que vous pouvez compléter selon vos besoins et questions. Il vous suffira de poser votre question au-dessus, et vous pourrez observer la direction que prendra votre pendule : elle indiquera la réponse.

4 • L'âme et l'aura des plantes

« L'utilisation des plantes en thérapeutique remonte à la nuit des temps. Qu'il s'agisse d'usage externe ou interne, des dizaines de milliers de recettes et de formules nous sont parvenues, dont certaines ont donné naissance aux grands médicaments modernes. »

JEAN MARIE PELT,
LES LANGAGES SECRETS DE LA NATURE

Le monde végétal occupe une place centrale dans la vie des hommes. Les nombreuses espèces botaniques ont permis de créer l'arsenal de la pharmacopée traditionnelle toutes civilisations confondues. Ces découvertes se sont faites pas à pas sur un mode empirique, souvent en suivant ce que l'on appelle « la signature des plantes ».

Les hommes et les femmes de l'art, chamans, druides, alchimistes ou herboristes observaient les couleurs et les formes des végétaux mais aussi le terrain sur lequel ils poussaient. De cela, ils en déduisaient leurs propriétés. Bienfaits ou poisons. C'est une approche mystique de la nature. Tout est lié. Dans le microcosme de la plante, on retrouve le macrocosme de l'Univers. Et bien que cette méthode ait ses limites et sa marge d'erreur, elle a cependant permis des découvertes qui ont été confirmées par la science moderne. Par exemple, le saule qui pousse dans les marécages produit l'acide salicylique qui fait tomber la fièvre.

Puis l'alchimie est devenue chimie, la science a isolé et synthétisé des molécules pour produire des médicaments aux dosages réguliers, aux effets ciblés et toxicités contrôlées. Ainsi, le curare des flèches empoisonnées d'Amazonie entre-t-il dans la composition d'un anesthésiant.

Pendant longtemps, les hommes ont pensé que les plantes étaient similaires à des objets et avaient pour fonction de participer à la photosynthèse et de fournir des principes actifs. Or aujourd'hui, la neurobiologie végétale découvre l'intelligence des végétaux. Leur immobilité les oblige à développer une capacité de transformation et de réponse aux stimulus extérieurs. Ils reçoivent et transmettent des informations par ondes sonores.

Les plantes font partie de ce que l'on appelle le grand tout. Elles ont elles aussi une aura et il est possible d'interagir avec elles, d'énergie à énergie, de vibration à vibration.

La plante entière, véritable concentré de molécules en synergie a une action holistique. Elle agit sur les plans physique, mental et spirituel. Certaines herbes, en raison de leurs propriétés vibratoires et de leur capacité à créer une connexion énergétique, appartiennent à un herbier sacré. Les plantes s'utilisent sous forme d'infusions, de décoctions, de macérations, d'extraits, de teintures mère, d'encens, d'huiles essentielles.

Pour initier votre chemin holistique et jouer de votre créativité, voici les essentiels de votre trousse phyto-énergétique.

LES PLANTES ET FLEURS FRAÎCHES OU SÉCHÉES

Fraîches, à déposer sur l'autel pour accompagner vos rituels et intentions, ou séchées à incorporer subtilement dans un encens. Vous pouvez aussi les boire en infusion pour augmenter et entretenir le taux vibratoire du corps.

CAMOMILLE

Elle aide à avoir confiance dans ses projets et favorise la connexion au moment présent et à son guide intérieur.

LAVANDE

Pour demander la paix et purifier. Elle apporte la joie d'entreprendre.

MAUVE

Pour se libérer des liens toxiques et karmiques. Elle aide au détachement et à l'ouverture des pouvoirs psychiques.

MENTHE

Accompagne dans les processus de guérison et de transformation.

ROMARIN

Pour demander la chance et l'amour.

SAUGE

Pour qu'elle nous accorde la sagesse.

THYM

Pour demander force et courage.

VERVEINE

Appelée aussi « herbe de Vénus », elle a de hautes vibrations énergétiques. Elle soutient les intentions d'amour, les demandes de rencontre de l'être aimé.

LE BIEN-ÊTRE PAR LES FLEURS OU FLORITHÉRAPIE

Dans les années 1930, le Dr Edward Bach, médecin anglais, s'est intéressé au pouvoir des fleurs et à leur action sur les états psycho-émotionnels négatifs. Les élixirs de Bach sont au nombre de 38 : 37 végétaux et un élixir à l'eau de roche. Pour réaliser ces élixirs alcooliques, le processus est très codifié. Les fleurs doivent être cueillies à un moment précis de leur floraison, en pleine maturité, et le matin au lever du soleil, quand elles sont baignées de rosée. La cueillette est très délicate, car il ne faut pas toucher les fleurs. Les têtes sont coupées directement au-dessus du récipient ou dans la main recouverte. On ne doit retrouver dans l'eau que l'influence de la fleur. Ensuite, elles sont trempées dans de l'eau pure et exposées au soleil pendant 3 heures ou, pour certaines, portées à ébullition pendant une demi-heure. Puis l'eau est filtrée et mélangée à part égale avec un alcool d'eau-de-vie. On n'utilise que des fleurs fraîches.

Chacun des 38 élixirs correspond à une émotion. Il est possible de prendre la fleur seule ou alors de créer un mélange personnalisé, une synergie adaptée à une situation précise. Un praticien en florithérapie vous guidera.

Bach a composé un mélange de 5 fleurs destiné à aider dans les situations émotionnelles intenses : qu'elles soient imprévues, comme une mauvaise nouvelle, un choc, ou programmées, dans le cas d'un entretien, d'un examen. Ce mélange aide au lâcher-prise et à la sérénité.

Les fleurs de Rescue et leur action :

ÉTOILE DE BETHLÉEM

Connexion à son guide intérieur pour trouver en soi-même la force de gérer l'imprévu. Aide à trouver le réconfort et à surmonter chagrin, désespoir et découragement.

CLÉMATITE

Pour ceux qui sont dans la lune et ont tendance à rêver leur vie plus qu'à la vivre.

IMPATIENS

Quand on a l'impression que ça ne va pas assez vite, qu'on ne peut pas attendre.

HÉLIANTHÈME

Pour être serein, pour se dépasser et dépasser ses peurs.

PRUNIER MYROBOLAN

Pour garder le contrôle de ses actes, pensées et paroles.

LES HUILES ESSENTIELLES

L'huile essentielle est l'expression de la plante, sa quintessence. En quelque sorte son âme. Produire une huile essentielle requiert de grandes quantités de végétaux. Ce qui explique le prix de certaines huiles : par exemple, la rose de Damas demande entre 3 000 et 4 000 kg de roses pour obtenir 1 kg d'huile.

La distillation des végétaux existe depuis plus de 2000 ans avant Jésus-Christ, avec les civilisations chinoise, égyptienne et indienne qui utilisaient les huiles. Le monde arabe a ensuite amélioré l'extraction avec l'invention de l'alambic à serpentin. C'est un chimiste français, René-Maurice Gattefossé qui, au début du xxe siècle, crée le terme d' « aromathérapie » après avoir expérimenté les effets de l'huile essentielle de lavande sur une grave brûlure de sa main. Plus tard, le Dr Valnet approfondit les recherches et le Dr Franchomme, quant à lui, étudie le chémotype des huiles, c'est-à-dire leur carte d'identité, les molécules qui les composent. L'étude du sens olfactif de manière approfondie est assez récente. Les neurosciences s'intéressent au mécanisme de l'odorat depuis environ une cinquantaine d'années. On se rend compte de son rôle dans la mémorisation, de son importance dans le traitement de certaines maladies neurodégénératives comme celle d'Alzheimer, mais aussi de son efficacité dans l'approche des thérapies émotionnelles. On sait maintenant que l'odorat participe grandement à la qualité de vie.

À chaque inspiration, l'air chargé de molécules odorantes entre dans les narines, atteint l'épithélium olfactif, rencontre les neurones qui le tapissent et se transforme en odeurs. L'être humain pourrait détecter 10 000 molécules différentes. L'odorat est le seul de nos 5 sens dont les informations passent directement dans le cerveau. Les arômes inhalés stimulent le centre de l'olfaction du cerveau. Cela active notre mémoire et influence notre humeur. Les odeurs sont en capacité d'harmoniser l'équilibre émotionnel.

Travailler les odeurs en émotionnel permet de gérer les émotions, de se libérer des tensions, de résoudre des problèmes comportementaux, de stimuler nos capacités, d'accompagner dans les moments-clés de la vie. Les huiles essentielles sont un merveilleux outil pour accéder à la connaissance de soi.

Pour pratiquer l'aromathérapie olfactive énergétique

Créez une ambiance agréable comme pour débuter une méditation. Allumez une bougie, installez-vous confortablement. Déterminez l'émotion ou la situation sur laquelle vous souhaitez travailler. Choisissez des huiles essentielles. Posez-les devant vous. Ouvrez les flacons. Fermez les yeux. Respirez la fragrance choisie directement au bouchon ou sur un mouchoir en papier. Laissez l'odeur entrer dans vos narines. Laissez venir à vous les émotions, les mots, les images. Relâchez.

Quelques huiles et leurs applications dans la sphère psycho-émotionnelle :

CANNELLE DE CEYLAN

Utile pour trouver sa place.

CÈDRE DE L'ATLAS

Apporte force et courage.

CISTE LADANIFÈRE

Calmante, cette huile agit sur les grands traumatismes.

CITRON

Cette huile redonne de l'énergie. Elle lutte contre les états de tristesse. Elle ouvre les possibilités.

CYPRÈS TOUJOURS VERT

Favorise l'introspection. Libère des schémas émotionnels répétitifs. Participe au rayonnement de l'aura.

EUCALYPTUS RADIATA

Huile protectrice du psychisme. Elle renforce la volonté. Purifie les énergies négatives.

GALBANUM

Avec cette huile, on s'autorise à être bienveillant envers soi-même. Pour être plus à l'écoute de son intuition et de ses guides intérieurs.

GENÉVRIER

C'est une huile favorable à la positivité. Elle a une action sur tous les corps énergétiques.

GÉRANIUM ROSAT

Permet de résoudre les conflits émotionnels. Facilite les relations. Elle rend positif.

HÉLICHRYSE ITALIENNE

Permet de reconnaître ses besoins. Réparateur émotionnel.

LAURIER NOBLE

Elle renforce l'énergie. Elle permet d'aller de l'avant.

LAVANDE FINE

Pour accepter les défis de la vie, avoir confiance dans ses capacités. Ouvre l'intuition.

LEMONGRASS

Pour mieux définir ses objectifs et les tenir. Libère des colères.

LITSÉE CITRONNÉE

Huile essentielle du bonheur et de la joie de vivre. Action anti-dépressive.

MENTHE POIVRÉE

Ouvre l'intuition. Soulage le surmenage. Permet de gérer les situations de burn out. Favorise l'esprit positif.

MYRRHE

Antistress. Huile de l'équilibre émotionnel. Calmante et sécurisante.

MYRTE VERT

Pour voir avec son cœur. Pour savoir accepter ses choix de vie et en faire de l'expérience.

NARD DE L'HIMALAYA

Détachement des schémas répétitifs. Calme.

NIAOULI

Clarifie les situations difficiles, aide à faire les bons choix.

NOIX DE MUSCADE

Action stimulante. Équilibre le mental. Aide à voir les choses comme elles sont.

OLIBAN (ENCENS)

Réconciliation intérieure. Écoute de soi. Apaisante. Rééquilibrante du psychisme.

ORANGE

Rééquilibrante, calmante. Favorise le sommeil.

PATCHOULI

Huile d'ancrage. Donne confiance en soi. Renforce l'énergie vitale.

PETIT GRAIN BIGARADE

Pour trouver sa place. Pour quitter aussi les états de tristesse. Action anti-dépressive.

RAVENSARE

Aide à passer à l'action. C'est un régulateur de l'humeur.

ROMARIN (CINÉOLE)

Donne de la clarté.

ROSE DE DAMAS

La plus puissante sur le plan vibratoire. Rayonne sur toute la sphère psycho-émotionnelle. Guérison des blessures émotionnelles. Aide à avancer. Utile pour travailler sur le féminin.

SANTAL BLANC

Apporte la paix intérieure et purifie l'aura.

TEA TREE

Apporte la paix et l'harmonie. Fluidifie les relations. Donne la clarté mentale.

THYM À LINALOL

Harmonisante. Agit sur le stress, les peurs et les phobies. Huile du discernement.

VÉTIVER

Huile essentielle sécurisante. Favorise l'ancrage.

YLANG-YLANG

Euphorisante, elle renforce la confiance en soi, aide à surmonter les déceptions et les chagrins.

Choisir, utiliser et conserver les huiles essentielles

CHOISIR LES HUILES ESSENTIELLES
De préférence **issue de l'agriculture biologique, 100 % pure et naturelle**, c'est-à-dire qu'elle ne contient rien d'autre que l'huile mentionnée sur le flacon et bien sûr aucun additif de synthèse.
Complète : elle contient toutes les molécules d'extraction. Elle ne doit pas être rectifiée, décolorée ou déterpénée.
Chémotypée : c'est-à-dire qu'elle est identifiée biochimiquement et botaniquement (nom latin, provenance, partie utilisée de la plante). Un thym à linalol ne s'emploie pas comme un thym à thymol, et pourtant les deux font partie de la famille du thym.

CONSERVER LES HUILES ESSENTIELLES
Les garder à l'abri de l'air, de la lumière et de l'humidité. Stocker les flacons debout et respecter la date d'utilisation conseillée.

PRÉCAUTIONS D'EMPLOI
Avant d'employer une huile, vérifier ses contre-indications concernant notamment les femmes enceintes, celles qui allaitent et les enfants. Attention aux risques d'allergie et à la photosensibilisation.
Il est important de respecter les doses. Demandez conseils à un aromathérapeute ou à un pharmacien.

Recette de beauté vivante

PAR RACHEL ESSENTIELLE

Les huiles essentielles m'accompagnent dans ma vie de tous les jours. À mon travail ou tout simplement pour me sentir belle et faire du bien à mes proches. L'aromathérapie est l'utilisation des huiles essentielles pour soulager divers maux du corps, améliorer l'aspect de la peau ainsi qu'apaiser différents stress du quotidien.

Même si on parle d'« huile », il ne faut pas confondre une huile essentielle avec une huile végétale. Cette dernière contient des lipides et est extraite de plantes oléagineuses. Une huile essentielle est extraite de plantes aromatiques et ne contient ni vitamines ni nutriments. C'est une concentration de molécules aromatiques et rien d'autre. Ces molécules aromatiques sont volatiles et ont un faible poids moléculaire : c'est pour cela que les huiles essentielles voyagent au plus profond de notre corps.

Penchons-nous sur leur pouvoir énergétique... Les huiles essentielles sont capables d'augmenter notre taux vibratoire et par conséquent de nous faire sentir mieux et plus belle. Pour obtenir une huile essentielle, on distille l'essence même de la plante. Utiliser ce concentré aromatique, c'est « guérir avec l'âme des plantes ». Un corps qui « guérit » se reflète sur notre visage. La peau est plus détendue et les traits rayonnent à nouveau.

Chaque apprentie « sœur-cière » peut réaliser son premier élixir magique à base d'huiles essentielles pour venir réconforter le chakra sacré (le deuxième chakra, situé au-dessus des organes sexuels, trois doigts sous le nombril).

Voici la recette de mon huile sacrée parfumée.

Il vous faudra :

- un mini entonnoir ;
- 10 gouttes d'huile essentielle d'ylang-ylang ;
- 6 gouttes d'huile essentielle d'orange douce ;
- 9 ml d'huile végétale.

Versez successivement tous les ingrédients dans un flacon roll-on de 10 ml. Secouez légèrement le flacon afin de mélanger les ingrédients. Prononcez à haute voix une intention pour vous ou pour la personne à qui vous offrez cette huile. Et c'est prêt ! Votre premier rituel magique est réalisé ! Voici quelques exemples d'intention : « Je m'aime, j'aime, je t'aime », « Je réussis ce que j'entreprends », « Que cet oléo-parfum procure chaleur à celui qui le hume ».

Un oléo parfum s'applique à l'intérieur des poignets, dans le cou et sur un chakra en particulier. Celui-ci est prévu pour le chakra sacré. L'huile essentielle d'ylang-ylang réchauffe l'âme et favorise le lâcher prise. L'huile essentielle d'orange douce, quant à elle, active la créativité et invite à oser faire ! Le mélange se conserve entre 6 mois et 1 an. Placez-le dans un endroit sec et évitez l'exposition solaire car l'huile essentielle d'orange est photosensibilisante.

Esthéticienne, aromathérapeute et herboriste, Rachel est spécialisée en cosmétique naturelle. Elle pratique des soins du visage avec des « tambouilles maison » à base de plantes dans son salon de beauté à Bruxelles, enseigne dans son École de Beauté Vivante et en ligne. Vous pouvez la découvrir dans son livre Moins mais mieux - La Slow Cosmétique *(Leduc, 2021) ou sur son compte instagram @rachel_essentielle.*

MÉDITATION OLFACTIVE

Pour la réaliser, vous aurez besoin d'une ou de plusieurs huiles harmonisées avec votre thème de méditation.
Si vous utilisez des huiles essentielles pures, vous pouvez les sentir directement sur le bouchon ou au flacon ou bien poser quelques gouttes sur des mouchoirs en papier.
Accompagnez-vous d'un instrument de sonothérapie : bol de cristal, bol tibétain, diapason. Sinon votre voix posée sur le souffle sera parfaite.

- Commencez par créer votre espace et votre ambiance. Assurez-vous d'être au calme. Ne faites pas de fumigation. N'utilisez pas de musique autre que les instruments ou le OM.
- Asseyez-vous en tailleur, dans une posture confortable, les huiles essentielles préparées devant vous et l'instrument de musique à portée de main. Ouvrez la méditation en sonnant l'instrument ou en chantant OM 3 fois.
- Approchez le support parfumé de votre nez et fermez les yeux. Prenez une profonde inspiration. Portez toute votre attention sur la fragrance qui entre dans vos narines. Est-elle fleurie ? Boisée ? Fraîche ?
- Inspirez, expirez, votre mental se calme, vous êtes ici et maintenant. Que vous évoque l'odeur ? Laissez venir à vous les images, les mots, les émotions. Il s'agit peut-être de souvenirs, ou recevez-vous des informations tout à fait nouvelles pour vous ? Accueillez-les. Ne les retenez pas. Écoutez simplement le message. Entrez en connexion avec vous-même. Restez dans votre présence bienveillante.
- Prenez une profonde respiration. Ouvrez les yeux.
- Fermez la méditation en faisant sonner l'instrument ou en chantant OM 1 fois.

5 • Le son

D'un point de vue physique, le son est un phénomène qui naît de la vibration d'une source et se propage sous forme d'onde dans un milieu compressible, comme l'air ou l'eau. Le nombre de cycles de vibration par seconde donne la fréquence du son, sa hauteur et définit la note de musique. Plus l'oscillation est longue, plus la fréquence est basse. Plus l'oscillation est courte, plus la fréquence est haute.

À partir du XIXe siècle, on a donné à l'unité de mesure de la fréquence le nom du physicien allemand Heinrich Hertz, en hommage pour ses recherches sur l'électromagnétisme. L'oreille humaine perçoit les sons de 20 Hz à 20 000 Hz. Pour donner un ordre d'idée, cela correspond à peu près aux 11 octaves du piano. En dessous de 20 Hz, on parle d'infrasons, ils sont perçus par exemple par les cétacés, les éléphants, les girafes et les oiseaux migrateurs. Ils ont un fort pouvoir pénétrant et la question se pose sur leur nocivité en cas d'exposition répétée et/ou prolongée. Au-dessus de 20 000 Hz, ce sont les ultrasons, qui sont entendus par les chiens, les chats, certains rongeurs, des amphibiens, les chauves-souris et les cétacés.

La médecine utilise les ultrasons pour établir des diagnostics par échographie, dans les traitements de calculs par fragmentation et la destruction de cellules malignes.

Le domaine industriel les emploie pour stériliser des liquides et nettoyer des objets.

> « Tout dans la vie n'est qu'énergie et vibration. »
>
> **ALBERT EINSTEIN**

LE BIEN-ÊTRE PAR LES SONS

Le son est avant tout musique et en cela il est magique. Il a un pouvoir créateur ou destructeur. Il est la source. Il entre en résonance avec l'être humain dans la totalité de ses corps et le recentre en connexion avec l'Univers. La sonothérapie est un soin holistique qui ne nécessite pas de connaître le solfège ni de savoir jouer d'un instrument.

Les neurosciences s'intéressent de plus en plus aux effets thérapeutiques du son. Les hôpitaux ouvrent leurs portes à ces soins qui apaisent le corps et l'âme.

Comment ça marche ?

Nous avons déjà parlé des propriétés physiques du son. Il faut savoir qu'une onde sonore va beaucoup plus vite dans l'eau que dans l'air. Or, notre corps contient 70 à 80 % d'eau. Si la sonothérapie vous attire, vous pouvez essayer les instruments et techniques suivants auprès de thérapeutes et vous initier en suivant des formations.

LES PRINCIPAUX INSTRUMENTS THÉRAPEUTIQUES

LES BOLS CHANTANTS

Choisir son bol est une question de feeling. Il faut suivre son instinct. Les bols, que ce soit le « métal sacré » ou le magnifique « vaisseau de cristal », émettent une seule note. Mais ils sont en vérité beaucoup plus riches que cet unique son. On peut entendre une note fondamentale et tout un harmonique.

Pour faire sonner le bol, on emploie une mailloche qui vient frapper la paroi. Pour le faire chanter, on utilisera cette même mailloche en la faisant tourner autour du bol pour créer la vibration.

LES BOLS DE L'HIMALAYA OU BOLS TIBÉTAINS

Leur présence remonte à 5000 ans avant J.-C. en Chine, en Inde et au Népal. Ce n'est pourtant que dans les années soixante que le monde occidental a vraiment découvert leur existence. Traditionnellement, ils sont fabriqués et martelés à la main dans un alliage de 7 métaux qui correspondent aux 7 planètes de la cosmogonie : cuivre, étain, fer, mercure, argent, plomb, or. Certains sont même créés en suivant les influences lunaires.

Il y a plusieurs formes de bol. Le choix dépendra de l'usage de l'instrument. Plus fins et légers, ils s'adressent à la pratique méditative. Ils ouvrent et ferment l'espace sacré. On peut les utiliser en bol d'offrande sur l'altar : avec une goutte d'huile essentielle sacrée à l'intérieur, on active les vibrations dans le sens des aiguilles d'une montre pour envoyer la demande à l'Univers et dans le sens contraire des aiguilles d'une montre pour ramener l'énergie à soi.

Lourds et épais, ils sont parfaits pour les soins. Posés en soins individuels sur les chakras correspondant aux notes choisies, ils entrent en résonance avec le corps. Les vibrations apportent une totale relaxation, libèrent des tensions physiques et mentales. Une réharmonisation du corps et de l'esprit s'opère. Les fréquences invitent au voyage intérieur.

En séance collective, ils créent un égrégore : les personnes présentes s'harmonisent et reçoivent un bain de douceur empreint de spiritualité.

LES BOLS DE CRISTAL

Les bols de cristal sont fabriqués à partir de cristal de roche (99,999 % de cristal pur), ce qui crée des sonorités et des harmoniques parfaits qui peuvent vous placer en état de relaxation profonde lorsque vous écoutez leur chant. Les sons produits par les bols de cristal sont ressentis par tout le corps, telles des vagues de vibrations. Les tonalités et les notes de chaque bol viennent nettoyer et dynamiser vos énergies subtiles (l'aura) ainsi que vos chakras, pour apporter équilibre et guérison.

Il existe aussi des bols de cristal dit « alchimistes », qui sont issus de la fusion de plusieurs pierres avec le cristal de roche, ce qui crée un mélange et une harmonie unique, alliant les bienfaits des cristaux et ceux du son pur du cristal.

Il est conseillé d'utiliser deux ou trois bols afin de produire un son qui puisse harmoniser vos ondes cérébrales. L'emploi d'un seul bol est recommandé pour les purifications des énergies d'une pièce, des objets ou des personnes. Les bols sont accordés sur des notes de musique qui correspondent aux énergies des chakras ou d'une glande endocrinienne.

Vous pouvez choisir votre bol par ressenti, en écoutant le son qu'il émet, mais il est aussi possible d'acquérir un ou des bols selon les énergies ou les harmonies que vous voulez travailler lors de vos méditations sonores. Voici une correspondance des notes qui vous guidera vers le bon choix :

C, *do* = chakra racine
C#, *do#* = glandes sexuelles
D, *ré* = chakra sacré
D#, *ré#* = glandes surrénales
E, *mi* = chakra du plexus solaire
F, *fa* = chakra du cœur
F#, *fa#* = glande thymus
G, *sol* = chakra de la gorge
G#, *sol#* = glande thyroïde
A, *la* = chakra du troisième œil
A#, *la#* = glande hypophyse/pinéale
B, *si* = chakra couronne

Le chant du cristal est un océan de sons et lumières. Les voyages sonores au bol de cristal nous invitent à mettre en relation de façon harmonieuse notre corps et notre esprit, à nous unir à nous-mêmes.

LES DIAPASONS THÉRAPEUTIQUES

Les diapasons sont des instruments qui ressemblent à des petites fourches en forme de Y. Ils ont été inventés en 1711 par le musicien anglais John Shore pour accorder ses instruments. Plus tard, des médecins l'utilisent pour tester l'audition. En 1974, le Dr John Beaulieu, passionné par l'étude du son, reprend l'expérience de John Cage, un compositeur à la recherche du silence total. Il teste une chambre sourde (anéchoïque) à l'université de Harvard. Là, dans le silence total et dans l'obscurité, il découvre que le silence n'existe pas et entend deux sons, un aigu et un grave : son système nerveux et le flux sanguin. Pendant 2 ans, il recommence l'expérience, plus de 500 heures en tout ! Il a l'idée d'utiliser les diapasons pour reproduire les sensations de la chambre anéchoïque. Il se rend compte que le corps humain peut s'accorder comme on accorde les instruments de musique. Il poursuit ses travaux et développe la gamme des diapasons pour harmoniser le corps humain sur le plan physique, mental et aurique.

Il y a 2 sortes de diapasons, les lestés et les non lestés.

Les diapasons lestés : ils permettent de réaliser de l'acupression vibratoire sur des points précis.

Les diapasons non lestés : on les fait vibrer et on les met en résonance avec le corps, puis à l'oreille pour harmoniser les ondes cérébrales et enfin dans le corps aurique.

Il existe plusieurs gammes de diapasons : planétaires, chakra, cristal, angel... Et chaque diapason correspond à une note de musique. Recevoir un soin sonore au diapason apporte paix et bien-être : cela agit sur le corps et les cellules, sur les corps subtils, mais aussi sur le mental et les ondes cérébrales.

Le diapason se pratique essentiellement en séance individuelle ou en auto-soin. Pour activer les diapasons, il faut les tenir par le bout et frapper la fourche sur l'os du genou ou sur un activateur. Vous pouvez aussi faire sonner les diapasons les uns contre les autres pour vous envelopper de leur musicalité, qui offre un nettoyage des corps subtils. Vous pouvez encore disperser le son dans la pièce pour faire circuler les énergies. Quand on frappe un diapason, il ne faut pas le faire résonner aux oreilles, le son est trop strident et pourrait faire mal aux tympans.

Dans son livre ***Human tuning***, le Dr Beaulieu conseille de pratiquer cette harmonisation sur soi tous les matins, avec les notes ***do*** et ***sol*** : une fois activés, prenez le ***do*** dans la main droite et le ***sol*** dans la main gauche, portez-les à vos oreilles à une distance de 10 cm environ. Laissez vibrer. Quand le son meurt, inversez, prenez le ***sol*** dans la main droite et le ***do*** dans la gauche. Activez les diapasons, portez-les aux oreilles de la même façon que précédemment. Attendez que le son s'éteigne.

Pour un auto-soin avec les diapasons lestés, choisissez un 128 Hz. Activez-le et utilisez-le sur des points d'acupuncture, des zones de chakra ou des tensions. Il libère l'oxyde nitrique des cellules, ce qui aide à leur auto-réparation. N'activez pas le même point plus de 3 fois.

Les diapasons sont la prolongation des mains et de la pensée. Quand vous les utilisez, restez attentif aux intentions que vous transmettez.

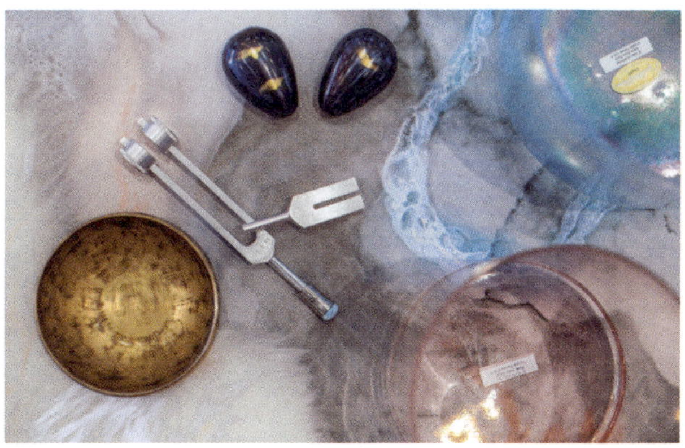

LES ONDES CÉRÉBRALES

La sonothérapie permet de synchroniser les ondes cérébrales des hémisphères gauche et droit. C'est un entraînement qui aide à la diminution des problèmes de sommeil, de concentration, de mémoire et permet de soutenir la motivation concernant les buts à atteindre. Elle soulage aussi les déséquilibres émotionnels. Dans son activité, notre cerveau émet divers types d'ondes, et pendant notre journée, nous vivons différents états de conscience. Quand elles sont en déséquilibre, on retrouve des problèmes de burn out pour les ondes gamma, une mauvaise qualité de sommeil et des difficultés d'apprentissage pour les ondes delta, des problèmes de mémoire et d'anxiété pour les ondes thêta.

Les 5 ondes cérébrales

Delta : inférieures à 4 Hz, phase de sommeil profond, régressions, régénération cellulaire.

Thêta : de 4 Hz à 8 Hz, état de relaxation profonde, de méditation, transe hypnotique, intuition, conscience spirituelle, sommeil paradoxal, rêves lucides.

Alpha : de 8 Hz à 12 Hz, état de veille calme, légère relaxation.

Bêta : de 12 Hz à 30 Hz, le cerveau est en état de veille active, concentration, raisonnement.

Gamma : de 30 Hz à 80 Hz, marque une activité intellectuelle et/ou mentale intense, mémoire.

Avec de l'entraînement, il est possible de passer volontairement d'un état à un autre. C'est ce que font les moines bouddhistes dans la pratique méditative et les chamans pendant leurs rituels. Dans l'expérience chamanique, si l'état de transe peut s'obtenir parfois avec des substances psychotropes, la présence des tambours est essentielle et souvent suffisante.

Bon à savoir

Attention ! Vous trouverez sur le marché beaucoup de contrefaçons de ces instruments coûteux. Les copies plus ou moins réussies auront un impact thérapeutique moindre. Je vous conseille de toujours acheter vos instruments auprès de professionnels du domaine et de vous renseigner systématiquement sur leur origine. Vous pouvez faire vos achats sur les sites : zen-and-sounds.com, biosonics.com, sentaraholistic.com.

LA VOIX, INSTRUMENT MAGIQUE ET PRIMORDIAL

Faire chanter et résonner sa voix est un moyen de s'affirmer et de développer l'estime de soi, de s'entendre et de se faire entendre. Votre voix est votre plus grand atout, elle est unique et n'appartient qu'à vous. Elle est votre instrument de guérison privilégié. Si vous n'aimez pas l'entendre, entraînez-vous régulièrement sur une mélodie ou un mantra que vous aimez afin de vous habituer et que les sons qui sortent de votre gorge deviennent petit à petit une musique familière, agréable et réconfortante à vos oreilles.

Chanter c'est être soi-même, se réconcilier et entrer en résonance avec soi. Nul besoin d'être chanteur, musicien ou d'avoir l'oreille absolue, il faut sortir des diktats académiques et s'écouter sans jugement. Commencez par apprivoiser votre voix, découvrez son fonctionnement. Posez votre main sur votre gorge pendant que vous parlez et sentez les vibrations. Elles proviennent des cordes vocales. Ce sont des muscles qui vibrent avec l'air des poumons. La bouche sert de caisse de résonance, les lèvres et la langue modulent le son.

Le son c'est aussi la parole qui sort de nos bouches. Soyons attentifs aux mots que nous prononçons et aux intentions qu'ils véhiculent. L'élément essentiel reste et restera toujours l'amour.

TROUVEZ VOTRE VOIX

- Installez-vous dans un endroit confortable et chauffé pour ne pas forcer sur votre voix.
- Relaxez-vous, assis, les mains posées sur vos cuisses et les paumes tournées vers le ciel. Fermez les yeux.
- Portez votre attention sur votre souffle et respirez naturellement. Ressentez à chaque inspiration et expiration tout votre corps se détendre. Entendez et écoutez son rythme, laissez venir et observez.
- Continuez par des respirations plus lentes et profondes. Sentez le bas de votre ventre se gonfler et vos poumons se déployer. Observez.
- Lorsque vous vous sentez absolument détendu, posez une main sur votre cœur et choisissez votre son : ce peut être une syllabe, un mot ou un mantra. Chantez-le avec amour, ressentez sa vibration dans votre poitrine, prenez du plaisir à découvrir votre voix et accueillez-la avec bienveillance.

EXEMPLES DE SON

Les syllabes sacrées : les bijas mantras sont des formules qui contiennent de puissantes vibrations qui augmentent lors de leurs répétitions. Choisissez celui qui convient au travail que vous souhaitez réaliser (voir p. 90).

OM : son universel, son de la conscience suprême, son de l'accomplissement, il est le plus puissant des bijas. Il contient tout l'Univers. Pratiquer un automassage sonore avec cette syllabe fait prendre place dans le cycle infini de la vie.

6

MANGEZ AUX COULEURS DE L'ARC-EN-CIEL

1 • L'énergie des couleurs

La lumière est une onde électromagnétique. Elle s'exprime en hertz et émet des rayonnements allant des basses énergies (avec les infrarouges) aux hautes énergies (avec les ultraviolets, les rayons X et les rayons gamma). La partie médiane, visible, de son spectre est celle que nous percevons sous la forme de couleurs : elle se situe entre 380 (violet) et 780 (rouge) nanomètres. Plus la longueur d'onde est courte, plus l'énergie est forte.

En plein jour, nous baignons sans le savoir dans les couleurs de la lumière : le rouge, l'orange, le jaune, le vert, le bleu, l'indigo et le violet. Nous pouvons le voir dans les gouttes de pluie qui réfractent les rayons et révèlent l'arc-en-ciel.

Chaque couleur a sa propre signature vibratoire qui influe sur l'ensemble de nos corps et agit sur tous les plans. L'énergie des couleurs nous enveloppe et nous connecte à l'aura et aux chakras.

Notre comportement, nos émotions, nos pensées, notre santé et notre beauté réagissent à leurs stimuli. Elles favorisent le processus d'autoguérison, comme en témoignent de nombreuses traditions qui se réfèrent à l'usage des couleurs pour maintenir santé, équilibre et bien-être. Les Égyptiens pratiquaient la luminothérapie. Les médecins grecs associaient les humeurs corporelles, les organes, les maladies et les remèdes à des couleurs, et étaient très attentifs au teint de leurs patients. Aujourd'hui encore, la médecine traditionnelle chinoise traite de la symbolique des couleurs et prend en compte l'organisation de l'environnement avec le feng shui. Et l'Inde ayurvédique emploie la roue chromatique pour harmoniser et maintenir l'être humain en équilibre. Depuis le XIXe siècle, le monde médical occidental redécouvre les propriétés de la lumière et reconnaît les effets biologiques et physiologiques des couleurs. La médecine esthétique étudie leur pouvoir cicatrisant et leurs effets anti-âge sur l'épiderme. La psychologie et les neurosciences savent l'influence qu'elles ont sur les émotions et le comportement.

S'entourer de couleurs qui nous font du bien est le meilleur moyen pour être de bonne humeur.

« Tout a commencé dans la lumière éblouissante d'un gigantesque et torride espace... »

HUBERT REEVES

LES COULEURS ET LEURS SIGNIFICATIONS

LE ROUGE

Couleur de la vie, elle dynamise et stimule notre énergie vitale, elle réchauffe et nous fait vibrer. Elle symbolise l'amour et la passion. Mais elle peut fatiguer, rendre agressif et augmenter la tension.

L'ORANGE

Couleur de la bonne humeur et du rayonnement, elle favorise la confiance et le sentiment de bien-être. C'est une couleur de valorisation et d'enthousiasme. Elle est synonyme de courage et peut nous faire éprouver un sentiment de liberté. Mais elle peut rendre agité, créer de l'instabilité et perturber le sommeil.

LE JAUNE

Couleur de la joie et du soleil qui brille, elle stimule notre potentiel et nous apporte positivisme et confiance. Mais elle peut activer trop de mental et renforcer le sentiment de solitude.

LE VERT

Couleur de l'équilibre et de la régénération, elle harmonise et relaxe. Elle génère un sentiment de sécurité, apaise et évoque l'abondance de la nature. Mais elle peut susciter attente et frustration.

LE BLEU

Couleur de la sérénité et des sentiments, elle évoque le ciel et la mer, et transporte dans un océan de calme et de paix. Le bleu relaxe et calme l'agitation mentale. Mais il peut traduire la mélancolie, l'impression que la vie était mieux avant.

L'INDIGO

Couleur du mystère et de l'intuition, elle évoque l'espace et connecte aux profondeurs, synonyme d'intériorisation, favorisant ainsi le détachement et la méditation. Mais elle peut induire de la tristesse et couper de la vie sociale.

LE VIOLET

Couleur de la créativité et de la spiritualité, elle est inspirante, elle appelle aussi à la compassion et à la connexion. Mais elle peut apporter de la confusion et entamer le sens pratique.

Et vous, quels sont vos ressentis ?

Soyez attentif à ce que vous inspirent les différentes couleurs, et réharmonisez-vous en fonction de vos besoins et de vos envies. Dans cette discipline comme dans les autres, il est question d'équilibre et d'intuition. Il ne faut tomber ni dans le trop ni dans le trop peu. L'essentiel consiste à rester à l'écoute de soi, à rester dans la joie. Alors à vous de jouer avec la vibration subtile des couleurs !

DANS L'ASSIETTE, FRUITS ET LÉGUMES ANNONCENT LA COULEUR

Nous le savons, l'alimentation joue un rôle essentiel sur la santé et la beauté.

Cependant, loin de nos tables de valeur des vitamines, nutriments et calories, l'épreuve des courses est souvent fatale : le manque de temps et d'idées tend à nous faire retomber dans des habitudes qui nous font acheter et manger toujours plus ou moins la même chose.

Avoir la ***rainbow attitude***, c'est décider de sortir de sa routine alimentaire. Car l'abondance de couleurs dans l'assiette est une source intarissable de joie et d'épanouissement. N'oublions pas que l'alimentation est l'un des meilleurs secrets de beauté ! Il suffit de se servir...

• Faites votre marché de façon instinctive, en suivant le plaisir des sens.

• Retrouvez dans les recettes les couleurs bonheur.

• Ne vous posez pas de questions et profitez de repas sains élaborés avec des fruits et des légumes frais et de saison.

• Apprenez à jouer avec la palette de la nature, laissez votre créativité s'exprimer.

Laissez-vous guider par la lumière de l'arc-en-ciel pour une alimentation colorée pleine de bienfaits ! Mangez arc-en-ciel... et rayonnez de toutes vos couleurs !

LE ROUGE DANS L'ASSIETTE

Les aliments rouges ont un effet énergisant. Ils contiennent du lycopène (famille des caroténoïdes), qui lutte contre les radicaux libres et est un excellent antioxydant. Ils activent la circulation sanguine et sont donc bons pour le cœur.

L'ORANGE ET LE JAUNE

Les aliments orange et jaunes sont stimulants et contiennent du bêtacarotène, qui est bénéfique à la santé de la peau, du flavonoïde, du zéaxanthine, du potassium, du lycopène et de la vitamine C. Ils constituent donc un super cocktail antioxydant qui booste notre immunité.

LE VERT

Les aliments verts sont régénérants. Ils sont riches en chlorophylle, qui oxygène les cellules, et en lutéine, qui protège des UV. Ils contiennent également des antioxydants, du potassium et du magnésium, sources de bien-être.

LE BLEU, L'INDIGO ET LE VIOLET

Les aliments bleus sont antistress. Ils sont riches en anthocyanes et en cyanidines, de la famille des flavonoïdes, qui protègent notre organisme du vieillissement en favorisant l'élasticité de la peau et en exerçant une action antioxydante et anti-inflammatoire.

Se nourrir en pleine conscience

Se nourrir en pleine conscience, ce n'est pas seulement prendre en compte ce que l'on mange, mais aussi la façon dont on le mange.

Notre société, entre orthorexie et malbouffe, entretient une relation ambivalente avec la nourriture. La pleine conscience appliquée à l'alimentation permet d'en sortir et de retrouver un vrai plaisir gustatif.

EN PRATIQUE :

- Écoutez votre corps, attendez d'avoir faim pour manger.
- Choisissez un moment calme, loin de toute agitation. Oubliez téléphone, télévision et conversations trop animées.
- Choisissez ce que vous allez manger.
- Regardez votre assiette et, si vous le souhaitez, rendez grâce pour cette nourriture.
- Mâchez, profitez de chaque bouchée.
- Ressentez la joie et le plaisir.

LES BÉNÉFICES :

- La redécouverte de ses sensations.
- Une meilleure digestion.
- Une déculpabilisation : manger redevient naturel.
- Une meilleure assimilation calorique, donc un amincissement pour ceux qui le recherchent.
- D'un point de vue spirituel, on accède à une communion avec la nourriture. Lorsque l'on reconnaît tout l'amour qu'elle contient et que l'on rend grâce pour ce don, son énergie physique nourrit aussi notre intellect et nos corps subtils.

2 • Sept recettes arc-en-ciel

Je souhaitais partager avec vous mes recettes préférées. Merci à la chef naturopathe Lina Bou de les avoir interprétées. J'espère qu'elles vous apporteront autant de plaisir et joie qu'à moi. Plongez dans cet océan de couleurs énergétiques offert par la nature pour un voyage sensuel et sain.

ROUGE

BISCUITS AUX AMANDES, AVOINE ET FRAMBOISES, TOPPING DE COULIS DE FRAMBOISE À L'EAU DE ROSE ET GROSEILLES

Temps de préparation : 1 heure
Nombre de personnes : à partager

Ingrédients pour les biscuits

- 90 ml d'eau
- 2 cuill. à soupe de graines de chia
- 1/2 cuill. à café de vanille en poudre
- 1 pincée de sel
- 80 g de flocons d'avoine
- 60 g d'amandes
- 50 g de graines de courge
- 1 cuill. à soupe de beurre d'amande
- 40 g de sirop d'érable
- 8 framboises ou 4 fraises (facultatif)

Ingrédients pour le coulis

- 65 g de framboises
- 1/2 cuill. à café d'eau de rose
- 1/2 cuill. à café de jus de citron
- 1 cuill. à café de miel + 1 filet pour le dressage
- Quelques fraises
- 1 cuill. à soupe de groseilles
- 1 fleur d'achillée millefeuille (à la campagne)

Préchauffez le four à 175 °C. Amenez l'eau à ébullition dans une casserole. Retirez-la du feu et versez-la sur les graines de chia dans un moule. Laissez reposer 5 minutes. Ajoutez la vanille, le sel et les flocons d'avoine.

Hachez grossièrement les amandes, puis ajoutez-les dans le moule, avec les graines de courges, le beurre d'amande et le sirop d'érable. Mélangez jusqu'à obtenir une pâte collante. Vous pouvez ajouter quelques framboises ou fraises écrasées dans la pâte.

Formez 10 boules, posez-les sur une plaque de four couverte de papier sulfurisé et pressez-les pour les aplatir. Faites cuire vos biscuits au four pendant 30 minutes, jusqu'à ce qu'ils soient dorés et légèrement croustillants. Laissez refroidir.

Pour préparer le coulis, écrasez les framboises avec l'eau de rose, le jus de citron et le miel dans un bol.

Servez avec le biscuit, en décorant de quelques fraises coupées en fines lamelles, de groseilles et de fleurs d'achillée millefeuille. Finissez par un filet de miel.

Conservez les biscuits dans un contenant hermétique au réfrigérateur ou au congélateur. Le coulis peut être gardé au réfrigérateur jusqu'à 4 jours dans un récipient en verre bien fermé.

Les fleurs d'achillée millefeuille

La fleur du héros Achille a des propriétés anticoagulantes, antispasmodiques et antiseptiques. Les tisanes soulagent les infections respiratoires, les maux de gorge et les problèmes digestifs. Attention : respectez les posologies. Ne pas donner aux femmes enceintes, allaitantes ni aux enfants.

ORANGE

HOUMOUS DE CAROTTE AU MISO BLANC, AVEC PATATES DOUCES RÔTIES, TOPPING DE FLEURS DE CALENDULA ET FLEURS DE LAVANDE

Temps de préparation : 1 heure
Nombre de personnes : à partager

Ingrédients

- 1 l d'eau
- 5 carottes
- 1 patate douce
- le jus de 1 citron (facultatif)
- 5 cuill. à soupe d'huile d'olive (4 cs pour l'houmous + 1 cs pour les patates douces)
- 1 à 2 pincées de sel
- 1 cuill. à soupe de miso blanc
- 1 tête d'ail
- 150 g de pois chiches cuits
- 3 fleurs de calendula, de la campagne
- graines de pavot
- 1 cuill. à café de fleurs de lavande (chez votre maraîcher bio ou à la campagne)

Préchauffez le four à 180 °C. Remplissez une casserole d'eau et portez-la à ébullition. Coupez les carottes en petits morceaux, plongez-les dans l'eau et maintenez le frémissement à feu doux pendant environ 15 minutes, jusqu'à ce qu'elles soient tendres. Lavez et épluchez la patate douce, coupez-la en longs morceaux épais ou en cubes grossiers.

Versez 1 cuillère d'huile d'olive et le sel sur les morceaux et, avec vos mains, répartissez l'huile sur la patate douce. Déposez les morceaux de patate douce sur une plaque de four couverte de papier sulfurisé. Laissez cuire 20 à 30 minutes, jusqu'à ce que la patate douce commence à dorer un peu sur les bords. Sortez les carottes de l'eau. Réservez l'eau bouillante, vous l'utiliserez dans le houmous.

Mélangez tous les ingrédients du houmous (ail, pois chiches, miso blanc, 4 cuillères d'huile d'olive) dans un robot culinaire, en ajoutant 3 cuillères à soupe d'eau de cuisson des carottes pour le rendre plus crémeux. Goûtez, ajoutez du sel ou du jus de citron si besoin. Quand les morceaux de patate douce sont cuits, faites un lit de houmous sur les assiettes avec une grande cuillère, posez la patate douce dessus, puis parsemez de fleurs et de graines de pavot.

Les fleurs de lavande

Les petites fleurs violettes symbolisent la finesse et la pureté. Leur parfum agreste et frais apaise. En infusion, elles calment l'anxiété, favorisent le sommeil. Songez à plonger un sachet de lavande dans votre bain pour un effet relaxant. Séchées, elles parfument armoires et tiroirs et éloignent les insectes. L'huile essentielle de lavande est celle de la sphère cutanée et du bien-être. L'hydrolat, quant à lui, purifie et apaise l'épiderme. En cuisine, les fleurs décorent et aromatisent vos salades et desserts.

Les fleurs de calendula

Le nom de cette fleur vient du mot « calendrier » et en cela représente la roue de la vie, la vitalité. La boire en infusion régule le cycle féminin et soulage les douleurs menstruelles. En dermatologie comme dans les soins cosmétiques, ses vertus sont innombrables. Son macérât soulage les irritations, calme les brûlures, répare les petites plaies et gerçures, régénère l'épiderme. Comme le safran, il donne bonne mine aux riz, pâtes, gâteaux et beurres. Son usage interne reste contre-indiqué pour les enfants, les femmes enceintes et allaitantes.

JAUNE

CRÈME GLACÉE AUX PÊCHES JAUNES, BANANES, CITRON ET CURCUMA

Temps de préparation : 15 minutes (+ 3 heures et 30 minutes)
Nombre de personnes : à partager ou à déguster seul au gré de vos envies !

Ingrédients

- 400 g de banane congelée (environ 2 bananes)
- 225 g de pêche fraîche (environ 2 pêches, que vous pouvez remplacer hors saison par la même quantité de mangue bio congelée)
- 1 cuill. à café de curcuma en poudre
- 1 cuill. à café de jus de citron
- 8 g de sucre vanillé

Enlevez la peau des bananes et coupez-les en petits morceaux d'environ 3 cm.

Coupez les pêches en cubes.

Congelez au minimum 3 heures ensemble les morceaux de fruits dans une boîte.

1 heure avant de servir, sortez les fruits et mixez-les avec le sucre vanillé, le jus de citron et le curcuma, puis mettez le mélange au congélateur pendant 30 minutes pour le refroidir.

Au moment de servir la glace, utilisez une cuillère à glace et servez 2 boules par portion.

Cette crème est aussi idéale pour une garniture de cake ou en accompagnement d'une salade de fruits.

VERT

CRACKERS AUX GRAINES, AVEC AVOCAT ET FROMAGE FETA

Temps de préparation : 1 heure 30
Nombre de personnes : à partager ou à déguster seul au gré de vos envies !

Ingrédients pour les crackers aux graines

- 300 ml d'eau
- 100 g de graines de tournesol
- 70 g de graines de courge
- 50 g de graines de chia
- 50 g de graines de sésame (noir et blanc mélangé)
- 30 g de graines de lin
- 1 cuill. à café de sel
- 1 cuill. à soupe d'herbes séchées (thym par exemple)

Ingrédients pour la garniture

- 1 avocat
- 150 g de feta
- 1 filet d'huile d'olive
- 1 pincée de sel de mer
- Quelques feuilles de persil frais
- 1 pincée de graines de sésame noir
- 2 fleurs de mauve sauvage (trouvées à la campagne, à rincer)
- 1 feuille d'oxalis pourpre (trouvée à la campagne, à rincer)

Préparation des crackers aux graines

Préchauffez le four à 170 °C.

Mélangez tous les ingrédients et laissez reposer 10 à 15 minutes pour que les graines s'imprègnent d'eau. Remuez bien le tout, puis répartissez le mélange sur deux plaques à pâtisserie recouvertes de papier cuisson, en l'étalant finement. L'épaisseur idéale est d'environ 3-4 mm (trop fins, les crackers seront très fragiles, trop épais, ils ressembleront plus à un biscuit aux graines).

Faites cuire au four pendant une heure (en retournant la plaque de crackers à mi-cuisson) ou un peu plus, jusqu'à ce que la plaque de crackers soit dorée et croustillante.

Retirez du four, laissez refroidir, puis cassez les plaques en éclats irréguliers assez gros. Conservez dans une boîte hermétiquement fermée.

Préparation de la garniture

Coupez l'avocat en deux, retirez la peau et retirez le noyau. Détaillez-le en fines tranches. Sur un morceau de crackers, disposez quelques tranches d'avocat, ajoutez un peu de feta émiettée, de l'huile d'olive, du sel, du persil frais, et terminez par les graines de sésame noir, la mauve sauvage et l'oxalis.

Les fleurs d'oxalis pourpre

Elle est un symbole de chance, de ténacité et d'immortalité. Au Japon, elle orne les blasons des Samouraïs et chez les Celtes, le végétal abriterait les lutins. L'infusion d'oxalis a des propriétés diurétiques, digestives et fait tomber la fièvre. La saveur acidulée des fleurs d'oxalis ajoute une touche citronnée aux sauces et vinaigrettes. Elle assaisonne les soupes et les salades et se marie bien avec les œufs. Consommez avec modération en cas de calculs rénaux.

BLEU

GRANOLA BOWL DE SPIRULINE BLEUE, AVEC SWIRL DE TAHINI ET PÂQUERETTES

Temps de préparation : 10 minutes (+ 2 heures de repos)
Nombre de personnes : à partager ou à déguster seul au gré de vos envies !

Ingrédients

- 1 avocat
- 150 ml de lait d'amande ou de riz
- 1 ou 2 cuill. à soupe de miel, selon votre goût
- 1 cuill. à café de poudre de spiruline bleue
- 1 cuill. de tahini de sésame blanc
- 1 cuill. à soupe de granola
- 1 cuill. à café de graines de sésame blanc
- 10 fleurs de pâquerette

De préférence la veille, ou 2 heures avant la dégustation, coupez l'avocat en cubes et mettez ces derniers au congélateur.

Juste avant de consommer, mixez dans un blender les cubes d'avocat congelés, le lait végétal, le miel et la spiruline.

Versez dans un bol de service. Puis mettez une cuillère de tahini blanc dans le mélange et touillez avec un couteau pour avoir une belle texture.

Ajoutez un trait de granola, les graines de sésame blanc, les fleurs de pâquerettes, puis servez !

Les fleurs de pâquerettes

Cette petite fleur rustique fleurit dans nos jardins au moment de Pâques. Elle s'ouvre au soleil pour nous apporter amour, innocence et simplicité. En tisane, elle détoxifie l'organisme. La décoction en compresse a un effet anti-inflammatoire et décongestionnant. Son macérât huileux est raffermissant, tonifiant, cicatrisant et réparateur. Son goût épicé relèvera vos soupes et plats, et apportera un effet croquant dans vos salades. Les boutons de fleur peuvent se consommer en pickles.

INDIGO

PANCAKES AUX MYRTILLES, « BERRY CREAM », AVEC MYRTILLES ET CASSIS FRAIS, FLEURS DE BOURRACHE FRAÎCHE ET CHOCOLAT BLANC

Temps de préparation : 30 minutes
Nombre de personnes : 2 à 4

Ingrédients pour les pancakes

- 50 g de farine de petit épeautre
- 50 g de poudre d'amande
- 50 g de farine de sarrasin
- 1 cuill. à café de poudre à lever
- 1/2 cuill. à café de bicarbonate de soude
- 1 pincée de sel
- 2 œufs
- 100 ml de lait d'amande (ou d'un autre lait végétal de votre choix)
- 2 cuill. à café de jus de citron
- 2 cuill. de café de sirop d'érable
- 1 cuill. à soupe de beurre d'amande (ou d'un autre beurre de noix de votre choix)
- 150 g de myrtilles fraîches
- 1 ou 2 cuill. à soupe d'huile végétale pour la cuisson (noix de coco ou olive)

Ingrédients pour la « berry cream » et le dressage

- 1 cuill. à café de miel
- 30 g d'un mélange de myrtilles et de cassis frais
- 4 cuill. à soupe de crème amande cuisine (ou d'une autre crème végétale de votre choix)
- 50 g de pépites de chocolat blanc
- 5 fleurs de bourrache

Pour les pancakes

Mélangez les farines, la poudre d'amande, la poudre à lever, le bicarbonate et le sel. Faites un puits au milieu, ajoutez les œufs un par un et battez à la main avec un fouet. Versez doucement le lait végétal de votre choix jusqu'à ce que la pâte soit lisse, puis le jus de citron et le sirop d'érable. Et, pour finir, le beurre d'amande. Laissez reposer 5 à 10 minutes.

Coupez les myrtilles fraîches si elles sont grosses (les myrtilles sauvages sont plus petites que les variétés cultivées), et ajoutez-les doucement dans la pâte.

Versez un peu d'huile dans une poêle et faites-la chauffer, sans toutefois atteindre une température trop élevée pour ne pas risquer de brûler les pancakes.

Versez 2 cuillères à soupe du mélange par pancake. Faites cuire chaque pancake pendant environ 3 minutes d'un côté (jusqu'à ce que de minuscules bulles apparaissent à la surface et éclatent), puis retournez-le. Laissez cuire encore 2 minutes de l'autre côté.

Pour la « berry cream »

Mixez dans un blender le miel, les myrtilles et les cassis (en réserver quelques-uns pour le dressage), ainsi que la crème, jusqu'à obtenir un mélange lisse. Si besoin, ajoutez un peu de liquide (1 cuill. à café de crème ou d'eau).

Pour le dressage

Ajoutez les pépites de chocolat blanc sur les pancakes avec la « berry cream ». Parsemez des myrtilles et cassis frais restants, et décorez de quelques fleurs de bourrache.

Les fleurs de bourrache

Elle représente le courage et la joie. La tisane de fleurs aide dans les troubles urinaires et digestifs. Sa forme huileuse accompagne les problèmes du cycle féminin. Elle est antirides, elle durcit les ongles, renforce et fait briller les cheveux. Les fleurs font des beignets originaux pour l'apéritif et leur saveur iodée est parfaite dans les salades. Attention : hépatotoxique et contre-indiquée pour les enfants, les femmes enceintes et allaitantes.

VIOLET

VELVET BITES

Temps de préparation : 10 minutes
Nombre de personnes : à partager ou à déguster seul au gré de vos envies !

Ingrédients

- 8 dattes medjool
- 100 g de noix de coco râpée
- 4 cuill. à soupe de jus de betterave
- 2 cuill. à soupe de poudre de caroube crue
- 1 pincée de sel de mer
- 1 cuill. à soupe de poudre de betterave à rouler
- 3-6 fleurs de pensée (chez votre producteur de légumes ou à la campagne)

Dénoyautez les dattes.

Mélangez tous les ingrédients, sauf la poudre de betterave, dans un robot culinaire, jusqu'à ce qu'ils deviennent de la purée.

Roulez la pâte obtenue en boules, puis roulez-les dans la poudre de betterave.

Décorez avec des fleurs de pensée.

Les fleurs de pensée (Viola tricolor)

Elles contiennent des mucilages, des tanins, des flavonoïdes, des caroténoïdes. Leurs propriétés mucilagineuses sont très utiles pour le rhume et la grippe, apaisant la toux et les maux de gorge ainsi que les fièvres. Les pensées sauvages ont la réputation de prospérer dans un sol riche en silice. L'acide silicique est directement lié à la peau, c'est pourquoi il est utilisé dans les produits de beauté pour l'eczéma et autres irritations cutanées.

La beauté vient de l'intérieur

PAR LINA BOU

Comme l'alchimie, la beauté est pour moi une combinaison de facteurs qui émanent du corps, de l'âme et de l'esprit. Chaque principe représente une beauté en soi, et lorsque nous atteignons un état d'harmonie honnête dans chacun d'eux, alors la beauté rayonne. Les imperfections, nos hauts et nos bas, toutes les expériences nous rapprochent de la clé de la beauté, qui est en réalité la loi la plus simple de la vie.

Comme dans la nature, les aliments sains, l'environnement et les relations bienveillantes nous rendent plus forts. Je pense que la beauté est particulièrement liée à la confiance en soi et au fait de se sentir bien dans sa peau. Mais nous sommes tous nés avec des constitutions de santé et des faiblesses différentes. Ensuite, pour chacun de nous, les sucres raffinés, trop de stress, la malbouffe jouent un grand rôle dans les déséquilibres hormonaux, mentaux et corporels.

Il existe de merveilleux outils pour connaître nos besoins personnels et savoir comment équilibrer les éléments avec les aliments et les plantes. J'aime beaucoup travailler avec des calendriers lunaires : cela nous aide, nous les femmes, à nous connecter à nos cycles essentiels et à mieux nous écouter et prendre soin de nous.

Je pense vraiment que le mot « beauté » doit aujourd'hui être redéfini, redécouvert. Même si on nous a vendu depuis des années une foule de produits estampillés « anti-âge », y a-t-il plus belle chose dans la vie que le chemin vers la sagesse ? Qui ne voudrait pas vieillir ?

La meilleure façon d'évoluer en beauté est de profiter du moment présent et de manger les aliments que la nature propose en abondance à cet instant. Amusez-vous, avec plaisir et bienveillance envers vous-mêmes, envers les autres et envers cette planète unique sur laquelle nous vivons.

J'aime les assiettes simples, minimalistes et délicieuses. J'espère que les recettes que j'ai proposées vous inspireront, qu'elles vous permettront de jouer avec les couleurs et les goûts et qu'elles feront naître un petit arc-en-ciel dans vos plats... ainsi que sur votre « glow » !

Lina Bou est naturopathe, phytothérapeute et cheffe indépendante (basée au Pays basque). Elle incarne la sagesse holistique et propose des programmes de santé personnalisés et des menus saisonniers uniques pour des restaurants, des marques et des événements.

3 • Les lattes et autres boissons magiques

LES LATTES

Ces boissons chaudes aux nombreuses vertus de santé et de beauté font désormais partie de nos habitudes de mieux vivre. À consommer au quotidien, elles sont tout autant délicieuses à voir qu'à boire ! Sources de nombreux bienfaits, énergisantes ou apaisantes, ces boissons colorées stimulent notre organisme, renforcent notre système immunitaire, favorisent la digestion et nous apaisent grâce à leur action anti-inflammatoire. Ultra réconfortantes, elles sont une bonne alternative aux excitants tels que la caféine.

> Pour trouver les ingrédients les moins courants des recettes qui suivent, rendez-vous dans les magasins bio, en herboristerie ou sur Internet (marques « Unicorn superfood », « Purasana » et « Nature restore » notamment).

PINK PITAYA MOON MILK

Voici une boisson inspirée de l'ayurveda pour se détendre ou passer de douces nuits ! Ma recette revisitée du *moon milk*, ou « lait de lune », associe les bienfaits du pitaya, ce fruit du dragon riche en magnésium qui contribue à la détente, et les bienfaits de l'ashwagandha, une plante adaptogène antistress qui favorise le sommeil et la relaxation. À consommer dès que vous avez besoin de réconfort ou de faire de beaux rêves !

Temps de préparation : 10 minutes

Ingrédients

- 1 tasse d'eau
- 1/2 cuill. à café de pitaya (poudre de fruit du dragon)
- 1 pincée de cardamome
- 1 pincée de cannelle
- 1 pincée de noix de muscade
- 1 pincée de gingembre en poudre
- 2 tasses de lait végétal d'amande
- 1 cuill. à café de miel ou de sirop d'agave
- 1/2 cuill. à café d'huile de coco
- 1/2 cuill. à café d'ashwagandha en poudre
- Quelques pétales de rose comestible

Dans une casserole, mélangez tous les ingrédients, et fouettez à feu moyen jusqu'à ce que le mélange soit assez chaud et mousseux. Versez le mélange dans une tasse et décorez votre lait de lune de pétales de rose selon votre inspiration.

Mes conseils de préparation et dégustation

Pour un effet *barista latte* mousseux, faites chauffer votre lait végétal à part dans un émulsionneur à lait. Mélangez préalablement les condiments dans la casserole avec le verre d'eau et fouettez à feu doux. Lorsque le mélange est homogène, versez-le dans un récipient, puis ajoutez le lait émulsionné par-dessus.

MYSTIC MATCHA

Une boisson pour accéder au divin et éveiller votre intuition ! La fleur de pois bleu, *Clitoria ternatea*, procure une sensation de bien-être extrême. Son mariage avec le bienfaiteur matcha de cérémonie favorise la concentration et la détente, tout en dynamisant votre corps, pour une connexion à votre pouvoir infini. À consommer de préférence le matin ou en début d'après-midi, en raison de l'apport énergétique du thé vert matcha.

Temps de préparation : 10 minutes

Ingrédients

- 30 cl d'eau de source
- 1/2 cuill. à café de matcha de grade cérémonial
- 1/2 cuill. à café de poudre de pois bleue (*blue pea*)
- 1 tasse de lait végétal d'avoine (ou d'un autre lait végétal de votre choix)
- 1/2 cuill. à café de sirop d'agave (facultatif)

Faites chauffer votre eau à 70 °C (au-delà, le matcha perd une partie de ses nutriments).

Mettez dans un bol traditionnel Chawan le matcha et la poudre de pois bleu, versez l'eau chaude et fouettez vivement avec un fouet *chasen*, un fouet japonais en bambou, conçu à cet effet.

Faites chauffer le lait d'avoine dans une casserole ou dans un émulsionneur à lait, puis versez-le sur le mélange.

Rajoutez une demi-cuillère de sirop d'agave si vous le souhaitez.

Conseil bonus

Je n'utilise que du matcha de qualité supérieure ou de grade cérémonial pour la confection de mes boissons, et de préférence issu de l'agriculture biologique. Les matcha de qualité culinaire que l'on peut trouver dans le commerce n'ont pas les qualités nutritives nécessaires pour permettre l'assimilation des nutriments. J'ai sélectionné pour ma marque Sentara Holistic un matcha de cérémonie de qualité supérieure et certifié biologique (vous pouvez le trouver sur mon site internet www.sentaraholistic.com).

CHARCOAL LATTE

Une boisson pour purifier corps et esprit. Le charbon actif a des bienfaits détoxifiants et assainissants : il aide l'organisme à se débarrasser des résidus de métaux lourds, il facilite le transit et calme les troubles de la digestion et les ballonnements. On se sent alors plus léger dans son corps et son esprit.

Temps de préparation : 10 minutes

Ingrédients

- 2 gélules de charbon actif
- 1 tasse de lait de coco (ou d'un autre lait végétal de votre choix)
- 1/2 cuill. à café de sirop d'agave ou de miel (facultatif)

Videz les gélules dans un bol et versez un tout petit peu d'eau chaude dessus.

Mélangez à l'aide d'un fouet.

Lorsque le mélange est homogène, versez le lait végétal puis éventuellement le miel ou sirop.

Conseil bonus

À consommer à distance des repas, ou après un repas trop lourd. Je le conseille juste après une soirée festive ou en lendemain de fête, afin de retrouver les idées claires et se sentir détoxifié. Attention : ne pas en boire tous les jours car le charbon actif absorbe les nutriments et les vitamines lorsqu'il est pris en excès ou trop près des repas.

MATCHA ON THE ROCKS

Le matcha est considéré comme l'or vert. Ce thé d'exception est source de vie et nous confère des super pouvoirs de zénitude et de force. Cette boisson est à consommer tous les matins ou lorsque vous ressentez le besoin de vous dynamiser tout en restant relaxé. Le matcha peut se consommer aussi bien chaud que froid, selon votre envie du moment, ou même en latte.

Temps de préparation : 10 minutes

Ingrédients

- Eau de source
- 1 cuill. à café de matcha de grade cérémonial
- Quelques glaçons

Mettez 2 cuillères de poudre de matcha dans un bol traditionnel Chawan à matcha.

Chauffez 30 cl d'eau à 70 °C (surtout pas davantage, sinon vous perdrez les qualités nutritives du matcha), puis versez-la dans le bol.

Fouettez avec un *chasen*, de façon vive et circulaire afin de faire mousser le mélange.

Mettez les glaçons dans un verre, versez le matcha par-dessus, puis rajoutez de l'eau de source pour remplir le verre.

Les bienfaits du matcha

Le thé vert matcha est originaire du Japon, où il est toujours cultivé selon les traditions ancestrales. Après la récolte, les jeunes feuilles de thé matcha sont séchées puis très finement broyées, selon une méthode permettant de conserver tous les nutriments de la plante. C'est le moine zen Eisai qui, en 1191 après J.-C., a introduit la philosophie zen et a initié l'art de la cérémonie du thé au Japon.

Le matcha est traditionnellement consommé lors de la cérémonie du thé, qui célèbre la beauté et le moment présent. La poudre est mélangée à l'eau chaude et fouettée à l'aide d'un fouet appelé *chasen*, dans un bol spécial.

Le matcha offre de nombreuses propriétés thérapeutiques, aussi bien physiques que psychologiques. Grâce à la chlorophylle qu'il contient en grande quantité, il aide à éliminer et à drainer, mais c'est également un allié anti-âge puissant, du fait des antioxydants dont il regorge et qui permettent un meilleur renouvellement cellulaire.

Le thé matcha permet aussi de se détendre grâce à la L-théanine qu'il contient. Il améliorerait également la concentration et la bonne humeur. Enfin, il booste le système immunitaire et prévient les maladies infectieuses.

Tonifiant, détoxifiant, antioxydant ou encore déstressant, le thé matcha offre de nombreux bienfaits : une vraie source de jouvence ! C'est mon secret de beauté. Et s'il devenait un des vôtres ?

MASSALA HIMALAYA CHAÏ

Une boisson initiatique qui invite à la paix intérieure. La cannelle, la cardamome, les clous de girofle, la badiane, le poivre noir, le gingembre et la noix de muscade sont autant d'épices qui transportent dans un univers méditatif. Ce mélange d'épices massala vous fera voyager et lâcher prise. À déguster bien chaud à tout moment de la journée, ou bien avant et après votre pratique de méditation !

Temps de préparation : 10 minutes

Ingrédients

- 500 ml d'eau
- 4 clous de girofle
- 2 bâtons de cannelle
- 4 grains de poivre
- 2 étoiles de badiane
- 8 gousses de cardamome
- 1/2 cuill. à café de gingembre moulu
- 1 pincée de noix de muscade râpée

Mettez toutes les épices dans une casserole avec l'eau, mélangez et portez à ébullition.

Laissez bouillir 5 minutes, puis baissez le feu et laissez réduire à feu doux 10 à 15 minutes.

Retirez du feu pour laisser reposer et infuser le mélange.

Filtrez dans un récipient et laissez refroidir.

Vous pouvez conserver le mélange dans un bocal au réfrigérateur pendant 2 à 3 jours.

Conseil bonus

Pour réaliser un chaï latte, il vous faudra :

- 1/2 tasse du mélange chaï
- 1/2 tasse de lait végétal de votre choix
- 1 cuill. à café de miel (ou de sirop d'érable ou d'agave)
- 1 pincée de cannelle moulue pour la décoration

Faites chauffer une demi-tasse du mélange chaï avec le miel.

Séparément, faites chauffer le lait végétal dans un émulsionneur à lait.

Versez le chaï puis le latte dans une tasse, saupoudrez d'une pincée de cannelle et dégustez !

4 • Les bienfaits du jeûne

Le jeûne est une pratique ancienne que notre société moderne redécouvre. Son principe est de permettre à l'organisme de vivre un temps de repos par la suppression totale ou partielle d'aliments solides et liquides autres que l'eau. C'est un moyen de se débarrasser des toxines et des mauvaises habitudes. Il se pratique plutôt en période de changement de saison, afin de relancer l'organisme.

Pour ma part, j'aime jeûner 2 fois par an sur une période de 5 à 10 jours, et faire une fois par mois un jeûne de 12 h à 24 h, ce qui est excellent pour un regain d'énergie.

AVANT DE COMMENCER UN JEÛNE

Consultez votre médecin pour vérifier qu'il n'y a pas de contre-indication à cette pratique. Prenez les conseils d'un diététicien nutritionniste habitué à diriger des jeûnes. Il préparera votre organisme en douceur en supprimant petit à petit les protéines animales, les sucres et autres aliments pour ne garder que les fruits et légumes. C'est ce qu'on appelle la descente alimentaire. Cette phase dure autant de jours que de jours de jeûne prévus (3 jours de cure = 3 jours de préparation).

PENDANT LE JEÛNE

Maintenez le corps en activité. Faites de la marche, du yoga. Planifiez des massages pour faire circuler l'énergie, drainer les toxines plus rapidement et vous relaxer. Pratiquez la méditation. Prenez des bains de lumière et des bains de nature. Recevez des soins énergétiques. Essayez l'art-thérapie. Reposez-vous.

APRÈS LE JEÛNE

La reprise alimentaire a elle aussi ses codes. Il est conseillé de réintroduire les aliments sur une période pratiquement égale au temps de votre cure. Évidemment, redémarrez avec une alimentation végétale.

LES DIFFÉRENTES PRATIQUES DU JEÛNE

LE JEÛNE HYDRIQUE

Il consiste à supprimer toute nourriture solide. Dans certains cas, il est possible d'ajouter à la consommation d'eau celle de tisanes, de bouillons clairs de légumes, de jus de fruits, de jus d'herbe et l'apport de supersaliments nutritifs.

LE JEÛNE INTERMITTENT

Il consiste à laisser l'organisme se reposer sans nourriture pendant 14 à 16 heures. Chacun peut choisir son rythme. Pour commencer, on peut profiter du repos de la nuit en programmant son dernier repas de la journée tôt dans la soirée. Ensuite, évitez toute nourriture après 20 h, et attendez 12 h le lendemain pour déjeuner. Certains préfèreront faire 21 h-13 h.

UN CAS À PART : LA MONO DIÈTE

Pendant toute la cure, un seul aliment est consommé aux repas. Il s'agit souvent du raisin ou de la pomme, en raison de leurs qualités nutritionnelles. On peut préférer le riz complet nature. Cette cure a des effets communs avec le jeûne, mais elle est plus accessible pour commencer à s'initier aux pratiques d'hygiène alimentaire.

On s'y prépare de la même façon que pour le jeûne, et il est essentiel de suivre les mêmes principes de précaution médicale.

LES BIENFAITS DU JEÛNE

Le jeûne agit sur les plans physiologique, psychologique et spirituel. Pendant cette période choisie, le temps se suspend et nous propose une reconquête de nos sensations. Nous réapprenons à écouter notre corps et, ce faisant, nous en redevenons le maître.

SUR LE PLAN PHYSIOLOGIQUE

Le corps se détoxifie. L'organisme est au repos, ce qui lui permet de drainer les émonctoires : les reins, le foie, la peau. La flore intestinale se restaure, on assiste à un renouvellement cellulaire, il y a un déstockage des graisses et des sucres, le teint s'éclaircit. Avec à la clé l'abandon de certaines dépendances alimentaires.

SUR LE PLAN PSYCHOLOGIQUE

On constate une réduction du stress, la vitalité retrouvée ouvre les portes de l'optimisme, la bonne humeur revient.

SUR LE PLAN SPIRITUEL

Il s'opère un lâcher-prise, l'essentiel se redécouvre, le regard que l'on porte sur soi change, ainsi que celui que l'on pose sur le monde. Pour en savoir plus sur le jeûne, je vous conseille de consulter le livre du Dr Françoise Wilhelmi de Toledo, *L'Art de jeûner* (éditions Jouvence).

5 • Recettes détox

Accompagnez votre organisme dans sa quête de légèreté avec la magie d'une cure de gingembre/citron. Ce cocktail épicé deviendra un allié santé et beauté indispensable. À faire ponctuellement, 1 ou 2 fois par an sur une période maximale de 21 jours ou le temps d'un week-end pour retrouver énergie et équilibre.

GINGEMBRE CITRON AU PIMENT D'ESPELETTE

Le gingembre et le citron offrent des bienfaits qui entrent en parfaite synergie. Cette combinaison miracle alcaline le corps, renforce les défenses immunitaires et réchauffe l'organisme. Cette boisson détoxifiante a une action purifiante et bénéfique sur la peau.

Pour une touche épicée, vous pouvez relever votre infusion de gingembre citron avec une pincée de piment d'Espelette. Reconnu pour ses vertus médicinales et gustatives, le piment d'Espelette regorge de nutriments et de vitamines : il accélère le métabolisme, nettoie et favorise la circulation sanguine, peut soulager les maux d'estomac et booster les fonctions digestives. C'est mon petit secret... qui vient directement de chez moi !

Choisissez un piment d'Espelette AOC. Ce produit étant mondialement connu, vous n'aurez aucun mal à vous en procurer dans les meilleures épiceries fines.

Temps de préparation : 10 minutes

Ingrédients

- 1/2 tasse d'eau chaude
- 1 morceau de gingembre bio
- 1/2 citron bio
- 1 pincée de piment d'Espelette
- 1 cuill. à café de miel (facultatif)

Faites bouillir l'eau et pressez le citron.

Lavez le morceau de gingembre et coupez-le en rondelles (en conservant la peau).

Mettez le gingembre et le jus de citron dans une tasse, puis versez-y l'eau chaude.

Vous pouvez rajouter du miel si vous le souhaitez.

Laissez infuser.

Saupoudrez d'une pincée de piment d'Espelette, puis dégustez !

CONCENTRÉ DE GINGEMBRE « GOLD ELIXIR »

À tout moment de la journée, bénéficiez des vertus du gingembre en mélangeant 2 cuillères à soupe de l'élixir dans une tasse d'eau chaude (vous pouvez rajouter du miel ou du sirop d'agave). Pour un boost du matin ou en cure, consommez-le en *ginger shot* de 30 ml environ.

Temps de préparation : 10 minutes (+ 12 heures de repos)

Ingrédients

- 1 l d'eau de source
- 1 kg de gingembre frais biologique
- 5 gros citrons bio

Lavez soigneusement le gingembre frais sous l'eau claire, puis placez-le dans un blender avec l'eau et mixez le tout jusqu'à obtention d'un mélange homogène.

Versez-le dans un récipient ou une carafe qui ferme, placez-le au réfrigérateur et laissez macérer pendant 12 heures.

Le lendemain, filtrez le mélange à l'aide d'une passoire tamisée fine et récupérez le jus.

Versez le macérât obtenu dans une carafe et ajoutez-y le jus des citrons pressés.

Vous disposez à présent d'un élixir d'or que vous pourrez conserver 3 à 4 jours dans votre réfrigérateur.

Conclusion

Ce livre est né du désir de vous inspirer et de vous guider vers la paix intérieure. J'espère du fond du cœur que vous y trouverez les informations recherchées pour révéler votre beauté, à vous-même, puis aux autres, avec assurance, mais aussi humilité.

La beauté énergétique, que j'ai baptisée ainsi, est une manière très spirituelle d'appréhender notre apparence, en portant la plus grande attention sur notre état de beauté intérieure. Je crois qu'à partir du moment où nous sommes dans un état de bien-être le plus total et le plus constant, nous rayonnons de notre plus grand potentiel de beauté. Il s'agit là de pouvoir adapter votre point de vue, de mettre fin aux dogmes d'une beauté stéréotypée qui serait dictée par des codes qui ne vous appartiennent pas, et de trouver des clés grâce aux différentes méthodes, outils et rituels présentés dans cet ouvrage afin de rencontrer votre propre image, celle qui vous révèle vraiment, au plus profond de vous.

Pour celles et ceux qui découvrent les thématiques abordées, que ce livre soit le début d'une longue relation que vous pouvez commencer à entreprendre avec vous-même dès aujourd'hui. Tout ce qui se trouve dans ces pages est à la portée de tous, j'espère que vous pourrez les consulter à chaque fois que vous aurez envie de vous connecter à vos plus belles vibrations. Pour celles et ceux qui ont déjà de bonnes notions, j'espère que vous découvrirez des éléments qui vous aideront à progresser sur votre chemin. Notre corps, notre peau, nos cheveux, nos dents, nos muscles, nos os, sont voués à une évolution actée qui fait la beauté de la vie. En ancrant votre quotidien par des pratiques de beauté énergétique, vous créez les piliers d'une vie rayonnante et heureuse, dans un corps que vous aimez et qui vous accompagne à chaque instant.

Photographier la beauté énergétique

FANNY CORTADE

Je pense que tout est lumière. Source d'énergie, elle révèle notre monde. C'est grâce à la lumière que je compose mes idées en photographie. Elle est à la fois un outil lorsque je veux la maîtriser, mais également magie lorsque je la laisse vivre. Même lorsque l'on souhaite voir le sombre et l'infini, comme un ciel étoilé, c'est une manipulation de la lumière qui nous permet d'y accéder. Mes photos sont fortement imprégnées de lumière et de couleurs. Toujours. C'est ce qui m'anime. Les couleurs traduisent les émotions, et la lumière les révèle.

Dès lors que Mayia m'a proposé de participer à la création de cet ouvrage, des images me sont instantanément apparues. Je connaissais déjà ses pratiques de beauté énergétique et avais eu la chance d'échanger avec elle. Mayia avait vu dans mon travail quelque chose qui résonnait avec ses envies, sa vision. Ses mots, mon regard et nos énergies semblaient complémentaires. La création de ces images fut instinctive, naturelle, évidente. Je photographie les gens mais également la nature, sous toutes ses formes, et mes moments de prédilection sont ceux qui semblent hors du temps, comme un coucher de soleil flamboyant ou une mer agitée sous la tempête.

Mon rapport à la beauté énergétique a beaucoup évolué avec cette collaboration. J'ai pu, ici, prendre le temps de comprendre son sens plus en profondeur. Pour moi, la beauté viendra toujours de notre lumière intérieure, celle qui illumine l'extérieur. La photographie ne pourrait exister sans cette lumière, la beauté non plus.

Remerciements

Gratitude... un dernier rituel avant de vous quitter. Je prends l'instant de cette dernière page pour remercier chaque personne ayant contribué à la réalisation et la concrétisation de mon premier livre.

Merci aux éditions Larousse de m'avoir fait confiance, d'avoir cru en ce projet et mis en lumière mon concept de beauté énergétique. Merci Émilie Franc et Laure Sérullaz d'avoir mis autant de cœur et de magie dans ce projet, et pour votre patience, votre persévérance, vos conseils et votre bienveillance. Merci à la fabuleuse équipe qui a travaillé sur la maquette de ce livre et son impression.

Merci à Ariane Geffard, qui a transformé mon désir secret d'écriture en réalité.
Merci à Marie Poirier pour ses belles illustrations.
Un immense merci à Fanny Cortade, qui a su magnifier ma vision et retranscrire mon univers grâce à ses photographies et son talent.

Merci à vous, chers lecteurs, de partager ces enseignements avec moi.
Merci à ma communauté de me suivre dans ces aventures qui parlent de nous.
Je remercie de tout mon cœur ma sœur Kattina, qui a participé à l'écriture de ce livre pour transmettre avec moi ces enseignements.
Merci à ma fille pour sa douceur et la beauté de son âme qui me font grandir chaque jour, merci de m'avoir choisie comme mère.

Merci à mon mari, ma flamme jumelle, merci de me faire connaître ce qu'est l'unité.
Merci à ma famille de me garder allumée la flamme de leur amour.
Merci à ma mère de m'inspirer par son sage bon sens.
Merci à mon père de m'avoir transmis son feu intérieur, sa passion pour l'art et la création, et de m'avoir donné le goût d'entreprendre.

Merci à mes amis qui m'ont inspirée et m'ont toujours suivie, merci pour toutes ces énergies incroyables de partage, ces rires, parfois ces pleurs et toutes ces émotions. Toute ma gratitude et mon amour vous accompagnent.

Merci à ma Dream team Sentara Holistic de vibrer avec moi chaque jour et d'être un merveilleux soutien dans la réalisation de mes projets.

Merci à toutes ces belles déesses de m'avoir confié leurs secrets de beauté énergétique : Claire Andréewitch, Kattina Argia, Lili Barbery-Coulon, Lina Bou, Nolyne Cerda, Anne Challier, Rachel Essentielle, Alexandra Fryda Marty, Anaïs Jazmine, Sarina Lavagne, Sylvie Lefranc, Carla Mattei Bessiere, Susan Oubari, Pola Von Grüt.

Avec Amour

Mayia